W0094579

EVA GEHRKEN

Thüringens berühmte Frauen

TAUCHAER VERLAG

KURZWEILIGES Nr. 34

Gehrken, Eva:
Thüringens berühmte Frauen / Eva Gehrken
1. Aufl.-[Taucha]: Tauchaer Verlag, 2000
ISBN 3-89772-20-5

© 2000 by Tauchaer Verlag
Buchgestaltung: Helmut Selle
Herstellung:
Neumann & Nürnberger, Leipzig
Satz und Reproduktion:
XYZ-Satzstudio, Naumburg
Druck und Buchbinderei:
Westermann Druck Zwickau
Printed in Germany
ISBN 3-89772-20-5

INHALT

VORWORT

»THÜRINGENS berühmte Frauen« – da mag jede Leserin und jeder Leser eigene Vorstellungen haben, wer denn wohl dazu gehören könnte. Selbstverständlich denkt man an die Heilige Elisabeth, deren Bekanntheitsgrad so groß ist, daß sie in diesem Buch nicht näher dargestellt werden muß. Man wird vielleicht weitere in dieser Reihe vermissen. Besonders die Weimarer Klassik hat eine große Anzahl bedeutender Frauen hervorgebracht. Nun, es mußte eine Auswahl getroffen werden.

Was ist das Besondere an den ausgewählten Frauen, das sie »berühmt« gemacht hat? Eine jede hat zu ihrer Zeit ihren eigenen Lebensweg gesucht und dabei eine herausgehobene Leistung vollbracht. Einige der Frauen kamen »von außen« ins Thüringer Land. Sie sind geblieben und zu Thüringerinnen geworden. Andere wurden in Thüringen geboren, haben dort ihre Wurzeln, ihren späteren Lebensmittelpunkt jedoch »nach außen« verlegt. Aber alle haben in Thüringen Spuren hinterlassen.

Die Lebensbilder der Frauen, die hier nachgezeichnet werden, gewinnen an Kontur, wenn man sie zugleich mit dem Blick auf die gesellschaftlichen und politischen Verhältnisse ihrer Zeit betrachtet:

Die Prunksucht barocker Landesfürsten spiegelt sich wider im Leben der Herzogin Auguste Dorothea von Schwarzburg-Arnstadt.

Am Fürstenhof der Herzogin Anna Amalia von

Sachsen-Weimar scheint es in der zweiten Hälfte des 18. Jahrhunderts heiter und gesellig zugegangen zu sein, bis Napoleon mit seinen Soldaten und dem Ruf nach Freiheit und Gleichheit in das Herzogtum einbrach.

Ein unruhiges, rastloses Leben führte die Schauspielerin Marie Seebach, nicht unbeeinträchtigt von den Ereignissen um das Jahr 1848, als man Barrikaden errichtete statt das Theater zu besuchen. Zwanzig Jahre später, als Bismarck um die Gründung eines einigen Deutschen Reiches kämpfte und verhandelte, konnte Eugenie Marlitt in der biedermeierlichen Idylle des kleinen Arnstadt ihre literarischen Ambitionen pflegen.

Der Eingriff der politischen Machthaber des Dritten Reiches in die Lebenswege der Professorin Elisabeth Blochmann und der Künstlerin Hannah Höch wog besonders schwer: Die eine wurde aus rassistischen Gründen diskriminiert, die andere als »entartete« Künstlerin verfemt. Beider Leben geriet in eine Gefährdung, die mit der früherer Zeiten kaum zu vergleichen ist.

Vor dem Hintergrund der Geschichte haben sich die Lebenswege der hier ausgewählten Frauen entwickelt. Ihren Spuren wird nachgegangen und in kleinen Erzählungen erhellt, auf welche Weise sie mit Thüringen verbunden sind.

E. GK.

AUGUSTE DOROTHEA VON SCHWARZBURG-ARNSTADT

1666–1751

ZEITTAFEL

1666 Auguste Dorothea wird als Tochter des Kunst-
sammlers Herzog Anton Ulrich II. von Braunschweig-
Wolfenbüttel geboren
1684 Vermählung mit Graf Anton Günther II. von
Schwarzburg-Arnstadt (1653–1716)
1697 Die Grafschaft wird zum Fürstentum erhoben

1699, 4. 8. Anton Günther II. schenkt seiner Gemahlin ein Grundstück von 38 Ackern Land, etwa zu dieser Zeit vermutlich auch Beginn der Sammlung »Mon Plaisir« durch die Herzogin

1703 – 1707 Johann Seb. Bach als Organist in Arnstadt

1707 Die Herzogin leiht sich erstmalig 600 Reichstaler vom Ursulinenkloster / Erfurt

bis 1710 Erwerb weiterer Ländereien durch die Herzogin, Bau des Schlosses Augustenburg, hohe Verschuldung, »Mon Plaisir« wächst

1709, 7. 5. Herzog Wilhelm Ernst von Sachsen-Weimar legt Anton Günther nahe, einen Prozeß gegen seine Gemahlin auf Grund einer Schuldklage abzuwenden

1715, 31. 12. Auguste Dorothea konvertiert zum Katholizismus

1716, 20. 12. Tod des Herzogs Anton Günther II., der bis dahin eine Schuldensumme von 18 000 Reichs- thalern für die Herzogin übernommen hatte

bis 1751 Herzogin Auguste Dorothea lebt vorwiegend auf der Augustenburg in ständiger Geldverlegenheit

1751, 11. 7. Tod der Herzogin, die am 25. 7. in der Klosterkirche des Ursulinenklosters zu Erfurt beigesetzt wird

1765 – 1766 Abbruch des Schlosses Augustenburg

1931, 24. 5. Die Puppensammlung »Mon Plaisir« wird im Schloßmuseum von Arnstadt, im »Neuen Palais«, der Öffentlichkeit zugänglich gemacht«

DAS KOSTSPIELIGE VERGNÜGEN
EINER FÜRSTIN

NACH Arnstadt, in den urkundlich ältesten Ort des schönen Thüringer Landes kommen Jahr um Jahr Tausende von Besuchern. Sie wollen nicht nur die Altstadt mit ihren romantischen Winkeln anschauen, die verträumten Plätze oder die Bachkirche, in deren Gemeinde der junge Johann Sebastian von 1703–1707 als Organist wirkte. Sie lenken auch ihre Schritte zum Schloßmuseum, um sich dort Puppenhäuser anzusehen. Kleine Häuser mit kleinen Puppen? – nein, kein Spielzeug, Schauobjekte sind es, genauer gesagt »repräsentative Kunstkammerobjekte«, die die Lebenswelt der Bürger und des Hofes in einer kleinen deutschen Residenzstadt zu Beginn des 18. Jahrhunderts widerspiegeln. Sie zeigen das Leben und Treiben der verschiedenen Bevölkerungsschichten jener Zeit. Und diese kleine Puppenwelt ist die Verwirklichung einer Idee der Fürstin Auguste Dorothea von Schwarzburg-Arnstadt. In der Zeit von etwa 1704 bis ungefähr 1735 hat sie diese kleine »Stadt« bauen lassen, bestehend aus mehreren sogenannten »Häusern« mit insgesamt 82 Stuben, die von annähernd 400 Puppen »belebt« werden.

In Deutschland, Holland, Italien und wohl auch noch andernorts hatte es Puppenhäuser schon gegeben, aber Umfang und innerer Zusammenhang des in Arnstadt Dargestellten übertrifft alle anderen Objekte.

Ob die Fürstin ihr Vorhaben selbst »Mon Plaisir« genannt hat, ist nicht ganz geklärt, aber gewiß betrachtete sie es als »Mein Vergnügen«. Es war allerdings ein ziemlich kostspieliges Vergnügen, das sie sich damit leistete. In einem zeitgenössischen Text ist zu lesen: »Bey der Erziehung der Mädgen muß ich der Spiehl-Sachen gedenken, mit welchen man spiehlte, biß sie Bräute wurden, nehmlich der Dockenäuser. [Docke: von tocka = altes deutsches Wort für Puppe, E.G.] Darin war alles, was zu einem Hause und einer Haußhaltung gehörte, im kleinen vorgestellt, und manche trieben darin die Üppigkeit so weit, daß ein solches Spiehl-Werk gegen 1000 Gulden und mehr zu stehen kam.« Wenn dieser Preis für nur ein Haus gilt, so ist es kein Wunder, daß die Fürstin sich bei dem Bau der Miniaturstadt arg verschuldete. Aber wer weiß heute noch von den Schulden – »Mon Plaisir« ist es, das die Zeiten überdauert hat.

Bewundernd steht der Beschauer vor den dargestellten Szenen. Welch eine Liebe zum Detail offenbart sich in dieser kleinen Welt: ein Possenreißer, der über einer roten Leibweste eine zur Hälfte graue, zur anderen Hälfte blaugrüne Schoßjacke mit breiter Halskrause trägt, kündigt auf dem Jahrmarkt die Vorstellung einer Schauspieltruppe an. Sein hoher Spitzhut verleiht ihm zusätzlich ein lustig verwegenes Aussehen. Ein reisender Händler hat seinen »Verkaufsstand« aufgestellt, einen »Bauchladen«. Kämme, Spiegel, Riechfläschchen, verschiedene Tuche gehören zu seinem Warenangebot, sogar ein Degenknauf. – Der Jahrmarkt war einer der Höhepunkte im Leben der Bevölkerung, denn zu einem solchen Ereignis kamen Kaufleute und Besucher von nah und fern in die Stadt. Da bietet ein Rattenfallenhändler in blauem Rock seine Ware an. Hier will eine Ölhändlerin ihr frisch gepreßtes Leinöl verkaufen, das sie in Kannen abgefüllt in einem Tragekorb, einer Kiepe, auf ihrem Rücken trägt.

In einem prachtvollen Zimmer hat sich eine höfische Damengesellschaft zur Teestunde eingefunden. Die Blicke der Damen sind zu dem Deckengemälde gerichtet. Vielleicht staunen sie über das »Himmlische Konzert«, das sie dort oben sehen. Im Thronzimmer ist die Fürstin selbst en miniature zu bewundern. Unter einem Baldachin sitzend hört sie ihrem Vortragenden Rat zu. Der aus Wachs geformte Kopf der Puppe soll eine naturgetreue Abbildung sein.

Zur Darstellung höfischen Lebens gehört auch das Porzellankabinett. Es wird berichtet, daß das Miniaturgeschirr von chinesischer und japanischer Herkunft sei, aber z. T. erst in Europa bemalt wurde. Der zauberhafte kleine Fayence-Kamin im »Grünen Gemach«, vor dem zwei Damen sitzen, wurde jedoch eigens in der Fayencemanufaktur Dorothenthal hergestellt, die die Fürstin gegründet hatte. Ein ovales Medaillon auf dem Kaminüberbau zeigt eine Szene aus dem fernen China.

Das kleinste Zimmer der »Stadt« ist das Gelehrtenstübchen. Hier ist ein »… meditierender Philosoph mit seiner Bibliothec und verschiedenen mathematischen und anatomischen Dingen« zu sehen, so steht es in alten Dokumenten. Auf einem Tischchen in der Gelehrtenstube liegt aufgeschlagen die Miniaturausgabe einer Schrift mit dem Titel: »Heilige Erinnerungen Groser Begierden und Wahrheiten. Mitgetheilet von der Catechetischen Bibliothec bey St. Anna in Wien«, darunter die Jahreszahl 1721. –

Von derart bezaubernden Details, die immer wieder anregen zu historischer Besinnung, wäre noch viel zu berichten. Wer aber war die Frau, die auch sich selbst mit »Mon Plaisir« ein Denkmal gesetzt hat? Der Versuch, ihre Persönlichkeit zu erfassen, das, was sie gefühlt und gedacht haben mag, warum sie so handelte, wie sie es tat, ist sicher nicht möglich, ohne ihre Kinderlosigkeit, ihr 35 Jahre währendes Witwentum und das Außergewöhnliche, vielleicht sogar Krankhafte ihrer Sammelleidenschaft einzubeziehen.

Geboren wurde Auguste Dorothea als Tochter des kunstliebenden und als Kunstsammler berühmt gewordenen Herzogs Anton Ulrich II. von Braunschweig-Wolfenbüttel, an dessen Hof auch der künftige Graf Anton Günther II. von Schwarzburg-Arnstadt erzogen wurde. 1684 wurde die 18-jährige Auguste Dorothea mit dem um 13 Jahre älteren Grafen vermählt. Das Paar zog in seine Residenz Schloß Neideck in Arnstadt, wo der gräfliche Regent einer so winzigen Grafschaft eine erstaunlich große Hofhaltung entwickelte. Es gab nicht nur ein eigenes Hoftheater, sondern auch eine Hofkapelle mit 22 Musikern. Graf Anton Günther widmete sich vornehmlich seinen wissenschaftlichen und künstlerischen Interessen, legte eine bedeutende Münzsammlung an, holte den Historiker Johann Christoph Olearius an seinen Hof und pflegte seine umfangreiche Bibliothek. Arnstadt sollte nach dem Willen seines Landesherrn ein Kulturmittelpunkt werden. 1697 wurde die Grafschaft zum Fürstentum erhoben, das Herrscherpaar zu Fürst und Fürstin von Schwarzburg-Arnstadt, ausgestattet mit dem Herzogstitel.

Schon in diesen Jahren auf Schloß Neideck muß der Herzogin Auguste Dorothea die Idee zu einer Puppensammlung gekommen sein, denn es gibt eine Rechnung über 24 Reichstaler »an Poppen Zeüg« und 6 Groschen für »1/4 Loth Poppenzeüg«, gekauft auf der Leipziger Ostermesse 1697. Die Herzogin war inzwischen 31 Jahre alt, seit dreizehn Jahren mit Anton Günther II. vermählt, und man wartete im Hause Schwarzburg-Arnstadt noch immer auf einen Thronerben.

Im August des Jahres 1699 schenkte der Herzog seiner »hertzgeliebten« Gemahlin »unser also genanntes Pfasan Hauß unter der Käfernburg«, ein Grundstück, so wird berichtet, von damals insgesamt 38 Ackern Land in der Nähe von Arnstadt, damit sie dort ein Lustschloß errichte. Im folgenden Jahr wurde diese Schenkung auch von dem Mitregenten Fürst Christian Wilhelm von Schwarzburg-Sondershausen genehmigt, mit der Maßgabe, daß die Grundstücke nach dem Tode der Auguste Dorothea, so wie übernommen, an das Haus Schwarzburg zurückfallen sollen. Die Herzogin erwarb persönlich noch weitere Ländereien und ließ in den Jahren von 1700 – 1710 Schloß Augustenburg bauen, ein Lustschloß, bei dem sie vermutlich das heimatliche Salzdahlen nahe Braunschweigs vor Augen hatte. Zu dem zweistöckigen Haupthaus gehörten Wirtschaftsgebäude, eine Kirche, ein Reithaus, Theater sowie ein großzügig angelegter Lustgarten. Hier konnte die Herzogin nun so recht ihrer Sammelleidenschaft frönen und sich nach Herzenslust mit Kunstschätzen umgeben, wie sie ihr vom elterlichen Hof in Braunschweig-Wolfenbüttel so vertraut waren. Über das Schloß wird berichtet: »Die vielen

Gemächer sind alle auffs kostbareste Fürstlich meubliret und mit raren und curieusen Schildereyen auch pretieusen Spiegeln geziert. Insonderheit sind sehens = würdig die Porcellain Cabinetta, in welchen Chinesische Japanische und Persianische Porcellain-Geschirr zu sehen ...«

Im südlichen Seitenflügel der Schloßanlage entstand »Mon Plaisir«. Fast alles, was die Schloßherrin in ihren Gebäuden umgab, ließ sie in der Miniaturstadt noch einmal entstehen: Spielzimmer, Paradezimmer, Gesellschaftszimmer, das Hoftheater. Viele geschickte Hände aus dem gesamten Hofstaat müssen mitgeholfen haben, um die Räume durch die Anfertigung von Puppen zu beleben. Zwei Mönche aus

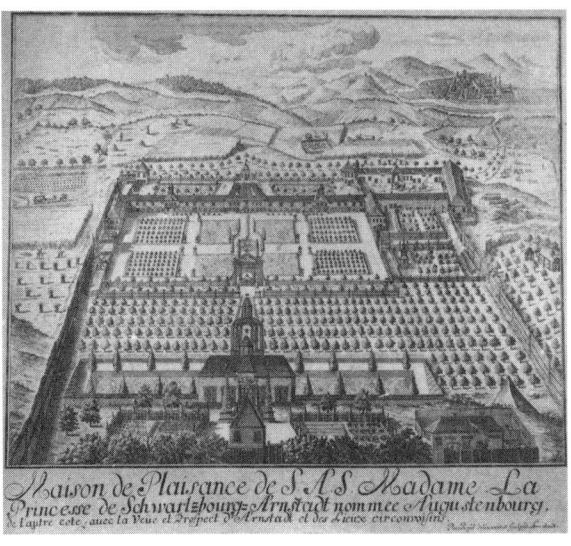

Augustenburg. Kupferstich von Pius Rösel, 1708.

Erfurt sollen es gewesen sein, die einzelne Gesichter der den Hofstaat bildenden Figuren nahezu porträtgetreu aus Wachs modellierten. Die Roben der kleinen Hofdamen wurden aus kostbarer Seide, aus Rips, Satin und Brokat angefertigt, den lebenden Vorbildern ähnlich. Mit nicht geringerer Sorgfalt sind die Puppen aus dem bürgerlichen Milieu gearbeitet, auch wenn sie keine porträtähnlichen Gesichter erhielten. Vielmehr gibt es Übereinstimmungen, die auf ein mehrmaliges Verwenden bestimmter Gußformen schließen lassen. In allem jedoch erkennbar ist die Absicht der Fürstin, auch das Leben ihrer bürgerlichen Untertanen und nicht nur die höfische Gesellschaft ihrer Zeit möglichst genau abzubilden.

Auguste Dorothea muß von ihrem Wirken und Sammeln so leidenschaftlich ergriffen gewesen sein, daß ihr alle ökonomischen Überlegungen fern blieben. Es wird z. B. nicht berichtet, daß Ratgeber, die sie doch auch gehabt haben muß, sie zu größerer Sparsamkeit ermahnt hätten. Wohl aber erfahren wir, daß Herzog Anton Günther mehrfach die hohen Privatschulden seiner Gattin bei deren Gläubigern beglichen hat. Sogar ein Prozeß wurde gegen sie angestrengt. Im Mai 1709 legte Herzog Wilhelm Ernst von Sachsen-Weimar dem Herzog von Schwarzburg-Arnstadt nahe, ein Verfahren gegen seine Gemahlin abzuwenden, das ihr auf Grund einer Schuldklage drohte.

Zu dieser Zeit etwa schrieb Auguste Dorothea einen Bittbrief an ihren Gemahl, in dem es heißt: »… nachdem soviel an das unglückliche Haus [gemeint: die Augustenburg, E. G.] gewendet gehabt, war kein Mittel, als solches entweder in völligen Stand zu setzen oder unvollkommen stehen zu lassen, durch welche letztere aber alle angewandten Unlasten wären verloren gegangen … Allein wenn ich so glücklich wäre, daß man zu meiner Justification alle die darin befindlichen Mobilien nur einmal in Augenschein zu nehmen würdigte, so würde sich genug befinden, daß alle bisher darauf gewandte Kosten doch nicht so gar tadelhaft seyen, sondern daß allzeit Regreß davor für mich bezahlen und noch zu bezahlenden Schulden daran werde wieder haben können, wie ich dann erbötig bin, es alle Minuten zu verkaufen, wenn ich es nur nach mittelmäßiger Taxierung bezahlt bekomme.«

Es muß also Vorhaltungen wegen der hohen Geldausgaben der Fürstin gegeben haben, wenn sie sich auf diese Weise zu rechtfertigen sucht und meint, gar so »tadelhaft« seien sie nicht und der Gegenwert doch vorhanden, man müsse ihn nur »in Augenschein … nehmen«.

Man möchte daraus schließen, daß nicht zuletzt die übermäßigen Ausgaben der Fürstin zu einer Entfremdung der Ehegatten führten. Auguste Dorothea zog sich offenbar mehr und mehr in die Augustenburg zurück, und es hat den Anschein, als habe der Herzog nicht viel von ihrem dortigen Leben gewußt, zumindest nichts oder nichts Genaues vom Wert der Schätze, die sie dort angesammelt hatte. Zudem befand er sich selbst in Geldnöten. Für die Annahme des Herzogtitels hatte er eine beträchtliche Summe an den Oberlehnsherrn, den Kurfürsten, zu zahlen, was ihn zwang, wegen dieser Titularangelegenheit seine kostbare private Münzsammlung zu veräußern.

Inzwischen war Auguste Dorothea 45 Jahre alt geworden. Einen Thronerben hatte sie nicht zur

Welt gebracht, und die Linie Schwarzburg-Arnstadt würde mit ihr und dem Gemahl aussterben. Wie viele Enttäuschungen mag sie in all den Jahren erlitten haben, wie viele Hoffnungen blieben unerfüllt. Vielleicht war das Übermaß an Leidenschaft für die künstliche Welt ihrer Puppenstadt der Ausgleich für Versagungen in der Realität ihres Lebens.

In dieser schwierigen Zeit nahm sie Verbindung auf mit dem Ursulinenkloster in Erfurt. Es gelang ihr dort, beträchtliche Geldsummen zu leihen für die Weiterführung ihres Vorhabens. Ende des Jahres 1715, fast 50 Jahre alt, trat Auguste Dorothea zum katholischen Glauben über. Einen Monat später erteilte der Herzog seiner Gemahlin die Erlaubnis, für sich und ihre Dienerschaft auf der Augustenburg katholische Gottesdienste zu feiern, obwohl Schwarzburg-Arnstadt wie auch Schwarzburg-Sondershausen protestantisches Gebiet waren. Das erklärt, weshalb in »Mon Plaisir« auch Szenen aus dem katholischen Leben dargestellt sind: In einer reich ausgestatteten Barockkirche nehmen Mönche in unterschiedlichen Ordenstrachten an einer Meßfeier teil. Sie lauschen dem von einer prunkvollen Kanzel herab aus einer kleinen aufgeschlagenen Bibel vorlesenden Bruder. Nebenan in einer Klosterstube unterweisen Ursulinerinnen gerade junge Bürgermädchen im Spinnen und Klöppeln, während eine Nonne in ihrer kargen Zelle in stillem Gebet niederkniet. Vielleicht sollten wir, die Betrachter, diese Darstellungen nicht nur als Information über klösterliches Leben wahrnehmen, sondern darin ebenso ein Zeichen herzoglicher Dankbarkeit gegenüber den katholischen Geldgebern sehen.

Hinweise auf die Schulden der »Herzogin zur

Augustenburg«, wie sie sich selbst genannt haben soll, gibt es indessen weiterhin. Da ist die Rede von zwei mit Diamanten besetzten Haarnadeln, die sie versetzen ließ, von einer Kette mit schottischen Perlen und anderen Pretiosen. Am 20. Dezember 1716 starb Anton Günther II.; bis zu diesem Tage hatte

Friseurstube aus der Puppensammlung.

er eine Schuldensumme von 18 000 Reichstalern übernommen.

Auguste Dorothea lebte nun ganz in der ländlichen Abgeschiedenheit der Augustenburg. Ihren finanziellen Sorgen jedoch konnte sie auch in dieser friedvollen Umgebung nicht entkommen. Nach dem Tode des Herzogs mußte sie das fürstliche Tafelsilber veräußern, um mit dessen Erlös Schulden begleichen zu können. Ihre Wittumsansprüche gegenüber den Schwarzburgern vermochte sie nur schwer durchzusetzen, besonders gegenüber ihrem Schwager Christian Wilhelm, der in Sondershausen residierte. Obwohl sie schließlich eine Abfindung von 24 000 Reichstalern erhielt, blieb sie dennoch in Geldverlegenheiten. In welcher Not muß sie sich befunden haben, als sie 1742 im Alter von 76 Jahren dem regierenden Fürsten von Schwarzburg-Sondershausen die Augustenburg, i h r Schloß, anbot gegen eine Rente von 1000 Reichstalern oder die Auszahlung von 6000 – 8000 Reichstalern. Es blieb ein vergeblicher Versuch – die Familie ihres Gatten stellte sich taub. Da nützte auch Auguste Dorotheas Androhung nichts, ihre Besitzungen an das den Schwarzburgern nicht eben freundlich gesonnene Sachsen-Weimar zu verkaufen, falls man ihr nicht endlich ein Darlehen gewähre. Nur 200 Taler erhielt sie gegen die Grundstücksverpfändung des »Hopfenberges« zur Tilgung der dringlichsten Schulden.

Am 11. Juli 1751 erlöste der Tod die 85-jährige Auguste Dorothea von allen irdischen Schulden. Zwei Wochen später, am 25. Juli, wurde sie in der Klosterkirche des Erfurter Ursulinenklosters beigesetzt.

Unter ihren Gläubigern warteten allein ihre Bediensteten auf eine Lohnzahlung von 3559 Reichsta-

lern. Verhandlungen um das Schicksal der Augustenburg zogen sich noch viele Jahre hin. Das Inventar
hatte inzwischen einen Wert von 7890 Reichstalern.
1765 wurde das Schloß auf Abbruch verkauft.

Und die Puppensammlung? Sie erfuhr eine wech-
selvolle Geschichte, ging durch viele Hände, ist aber
bis heute fast im alten Umfang erhalten geblieben.
Noch immer gehören 391 Figuren dazu, und es wird
die Anzahl von etwa 2670 einzelnen Inventargegen-
ständen genannt. Sie sind zur Freude der nach Arnstadt kommenden Besucher im Schloßmuseum des
»Neuen Palais« zu bewundern.

Das Fürstenhaus Schwarzburg-Arnstadt blieb
ohne Nachkommen und starb somit aus. Seine letzte
Fürstin aber, Herzogin Auguste Dorothea, hat ihm
für die Nachwelt ein würdiges Denkmal gesetzt:
»Mon Plaisir« ist eine einzigartige Puppensammlung und nicht nur das kostspielige Vergnügen einer
Fürstin.

ANNA AMALIA
VON SACHSEN-WEIMAR
1739–1807

ZEITTAFEL

1739, 24. 10.   Anna Amalia wird als 5. Kind des
Braunschweig-Wolfenbüttler Herzogpaares Carl I.
und Philippine Charlotte, einer Schwester Friedrichs
des Großen, in Wolfenbüttel geboren
1756, 16. 3.   Heirat mit Ernst August Constantin,
Herzog von Sachsen-Weimar-Eisenach (1737–1758)
in Braunschweig

1757, 3. 9.   Geburt des Erbprinzen Carl August
1758, 28. 5.   Tod des Herzogs Ernst August Constantin
1758, 8. 9.   Geburt des 2. Sohnes Friedrich Ferdinand
Constantin
1759, 9. 7.   Anna Amalia erhält die Volljährigkeits-
erklärung durch den Wiener Hof und wird Vormund-
schaftsregentin, damit ist sie allein verantwortlich für das
Herzogtum und die Erziehung der beiden Prinzen
1759–1775   Regierungszeit der Herzogin Anna Amalia
1772   Anna Amalia bindet Christoph Martin Wieland,
den Dichterphilosophen als Prinzenerzieher an den
Weimarer Hof
1775, 3. 9.   Erbherzog Carl August übernimmt die
Regierung. Anna Amalie zieht sich ins Privatleben
zurück. Sie lebt fortan im Weimarer Wittumspalais
und auf den Schlössern Ettersburg und Tiefurt
1775   Goethe kommt nach Weimar
1775–1782   Anna Amalia widmet sich zusammen
mit Goethe und der Hofdame Luise v. Göchhausen dem
Liebhabertheater
1781–1784   Herausgabe des Tiefurter Journals
1788–1790   Anna Amalias Aufenthalt in Italien
1793, 6. 9.   Prinz Friedrich Ferdinand Constantin stirbt
auf dem Feldzug
1807, 10. 4.   Anna Amalia stirbt in Weimar an einem
Schlaganfall. Sie wurde am 14. 4. 1807 in der Jakobs-
kirche beigesetzt

EINE KUNSTSINNIGE
REGENTIN

Es ist noch früh am Morgen, ein Sommertag im Jahre 1781. Durch das dichte Laubwerk der Bäume brechende Sonnenstrahlen malen helle, leuchtende Flecken auf die zur Ilm abfallende Rasenfläche. Noch liegt leichter Dunst über dem Lauf des schmalen Flusses, dort, wo man unweit Weimars das Dörfchen Tiefurt findet. Auf einer kleinen Anhöhe über den Wiesen des Bachtales liegt ein Schloß, ein Schlößchen nur, das einst zu den Besitzungen der Herzöge von Sachsen-Weimar-Eisenach gehörte. Wenn man's recht betrachtet, ist es nicht viel mehr als ein etwas geräumigeres Gutshaus.

Schon häufig hatte die Fürstin, Herzogin Anna Amalia, hier geweilt, hatte die Stunde Wegs von Weimar nach Tiefurt in ihrer Equipage zurückgelegt, begleitet nur von wenigen ihrer Hofleute. Der Ort lud ein zu einem einfachen Leben; hier draußen konnte man in ungezwungenem Miteinander die Tage in freier Natur genießen. Und vor einem Jahr nun war Tiefurt zum Sommersitz der Herzogin geworden.

Die Fürstin liebt dieses Idyll. Sie trägt ihr morgendliches schlichtes Gewand und einen Strohhut über dem aufgerollten Haar. Gackernde Hennen, gurrende Tauben und das laute Krähen des Hahnes gemahnen sie, daß sie vor ihrem Spaziergang noch Futterkörner auszuteilen hat. Doch dann kann sie gemächlich weitergehen. Ihr Weg führt sie durch die verschlungenen Pfade des ausgedehnten Parks, vorbei an Steinmauern und Sitznischen und buntblühenden Rabatten bis hin zu ihrer Lieblingsbank. Dort kommt ihr das »Thuselchen« entgegen, Luise von Göchhausen. »Thusnelda« nennt man sie am Hof, oder eben liebevoll »Thuselchen«. Sechs Jahre lang ist Luise nun schon ihre Gesellschafterin. Eine Freundin ist die 29-jährige ihr während dieser Zeit geworden. Was für ein geistreiches und heiteres Persönchen sie ist! Dabei fehlt es dem Thuselchen an jeglicher Wohlgestalt. Warum nur muß Wieland sie immer so boshaft »Gnomide« nennen! Sie ist überall beliebt, die kleine, verwachsene Dame. Und wie gut es sich mit ihr plaudern läßt! –

Vom Turm der Dorfkirche wird die Mittagsstunde eingeläutet. Eine kleine Runde von Tafelgästen findet sich im Speisezimmer des Gutshauses ein, und auch später werden gern gesehene Besucher da sein. –

Tiefurter Abende – Stunden stiller Einkehr, der geruhsamen Spaziergänge, des Lesens oder Stickens an feinen Tapisserien. Man ersann Gedichte, neckte sich in Versen, hechelte wohl auch so manche Liebesbeziehung durch. Oder es wurde musiziert. Anna Amalia spielte selbst Klavier, Harfe und Laute. »Es wurde geklimpert, gegeigt, geblasen und gepfiffen, daß die Engel im Himmel ihre Freude daran hatten«, heißt es bei Wieland. Und es gab immer wieder die Diskussionsrunden, über deren Verlauf Henriette von Egloffstein so eindrucksvoll berichtet: »Vermöge der zwanglosen Freimüthigkeit, womit jeder in Gegenwart der Herzogin Amalia seine individuellen Ansichten aussprechen und verteidigen durfte, knüpften sich zwischen den hochbegabten Besuchern von Tiefurt die geistreichsten Unterhaltungen an, doch gingen diese nur allzu oft in heftige Diskussionen über, bei welchem Wielands launenhafte Krittelei, Herders persifflierender beißender Witz, sowie Knebels unbezähmbare Leidenschaftlichkeit, vor allem aber Goethes diktatorisches Genie heftig hervortraten und den Streitenden nicht selten scharf verletzende Worte auf die Zunge legten, die den stets vorhandenen Brennstoff in den Gemüthern so gewaltig anfachten, daß selbst Amaliens Gegenwart und ihre versöhnende Milde nicht hinreichten, die hoch auflodernden Leidenschaften zu dämpfen.«

Schon im Weimarer Wittumspalais, das Anna Amalia 1774 als Wohnsitz erworben hatte, versammelten sich Dichter, Künstler und Gelehrte zur »Tafelrunde«. Goethe ließ sich 1775 in Weimar nieder und würdigte später die kunstbegeisterte und vielseitig talentierte Herzogin mit den Worten: »Sie gefiel sich im Umgang geistreicher Personen und freute sich, Verhältnisse dieser Art anzuknüpfen, zu erhalten und nützlich zu machen. Ja, es ist kein bedeutender Name von Weimar ausgegangen, der nicht in ihrem Kreis früher oder später mitgewirkt hätte.«

Zu den ständigen Gästen dieser Runde zählten außer Goethe, Wieland und Herder auch Carl Ludwig von Knebel – der Hofmeister des Prinzen Constantin –, Freiherr von Seckendorf – ein vielseitiges Talent –, der Geheime Rat von Einsiedel sowie die Damen Luise von Göchhausen, Henriette von Egloffstein und ebenso der Weimarer Kaufmann Friedrich J. Bertuch. Sie alle bildeten das geistige Zentrum Weimars. Das steife Zeremoniell wich leichteren, ungezwungeneren Umgangsformen, Standesunterschiede lockerten sich.

Als Regentin hatte Goethe Anna Amalia nicht mehr erlebt, denn 1775 hatte sie die Regentschaft ihrem Sohn Carl August übergeben. Die 36-jährige war nun »alte Herzogin« oder »Herzoginmutter«, eine Frau, die, ihrer Amtspflichten enthoben, leben, vielleicht auch nachholen wollte, was bisher unerfüllt geblieben war. Ob es wirklich die unglückliche Beziehung zu einem Musiker der Hofkapelle gegeben hat, der sich bei Neapel voller Verzweiflung ins Meer gestürzt haben soll? Oder gehört diese Episode zum Hofklatsch, den man in Weimar genauso pflegte wie andernorts? Als Frau habe sie sich bescheiden müssen, wird über die Fürstin gesagt.

Noch keine siebzehn Jahre war sie alt, die Prinzessin Anna Amalia aus dem Hause Braunschweig-Wolfenbüttel, eine Nichte Friedrich II., später der Große genannt, als sie dem zwei Jahre älteren Herzog Ernst August Constantin von Sachsen-Weimar-Eisenach angetraut wurde. Nun war aus der Prinzessin eine Herzogin geworden. Das geschah im Jahre 1756, zu einer Zeit, da Braunschweig zu den kultiviertesten Fürstenhöfen zählte und die Wolfenbüttler Bibliothek mit Gotthold Ephraim Lessing als geistiges Zentrum der »Aufklärung« galt. »Man verheirathete mich, so wie gewöhnlich man Fürstinnen vermählt«, vermerkte sie später in ihren autobiographischen Aufzeichnungen. Schrieb sie dies mit stolzer Erinnerung oder doch eher mit dem Rückblick auf geforderten Gehorsam und fügsame Ergebenheit? In ihrer Jugend habe sie sich den Geschwistern gegenüber benachteiligt gefühlt, wird berichtet, und ihre preußische Großmutter soll sie als eine etwas unansehnliche Enkelin bezeichnet haben, wiewohl ein unbekannter Zeitgenosse später sagte: »Sie ist klein von Statur, sieht wohl aus, hat schöne Hände und Füße, einen leichten und doch majestätischen Gang, spricht schön aber geschwind und hat in ihrem ganzen Wesen viel Angenehmes und Einnehmendes.«

War es eine Befreiung für die kleine, zierliche, etwas linkische Prinzessin mit den wachen Augen und dem kritischen Verstand, daß sie als junge Herzogin nach Weimar kam? Oder war die verfügte Heirat zugleich auch ein gesellschaftlicher Abstieg?

Weimar, ein ländliches Städtchen abseits der großen Heerstraßen – es hatte grade achthundert Häuser, viele noch mit Stroh gedeckt, Häuschen nur, keine Wohnstätten wohlhabender Bürger. Die Straßen eng, verwinkelt, weder beleuchtet noch gepflastert; Schäfer trieben ihre Herden hindurch. Einhundertundfünfzig Scheunen gab es noch innerhalb der Stadtmauern, Tümpel, Teiche und stinkende Abwasserkanäle, allerdings gab es auch schon einen Marktplatz, ein Rathaus, Kirchen, das Gasthaus »Zum Elephanten« und immerhin das Schloß. Aber eine elegante Residenz wie Braunschweig-Wolfenbüttel – nein, das war Weimar wirklich nicht.

Zwei Jahre nach ihrer Heirat 1758 war die junge, noch nicht einmal volljährige Frau bereits Witwe, zudem inzwischen Mutter zweier Söhne und die Regentin eines verschuldeten und bedrängten kleinen Staates. Ihr Schwiegervater hatte die Einnahmen des Landes verschwenderisch ausgegeben, so daß ihr nur ein jämmerlicher Etat zur Verfügung stand. Die thüringischen Fürsten lauerten darauf, sich das kleine Herzogtum einzuverleiben, und der kriegführende preußische Onkel Friedrich erwartete finanzielle Unterstützung aus Weimar, wohl wissend, daß man dort den Reichstruppen der Kaiserin Maria Theresia verpflichtet war. Dies alles muß die junge Fürstin schwer belastet haben, denn sie schrieb später: »In meinem 18. Jahr fing die größte Epoche meines Lebens an. Ich wurde zum zweitenmal Mutter, wurde Wittib, Obervormünderin und Regentin. Die schnellen Veränderungen, welche Schlag auf Schlag kamen, machten einen solchen Tumult in meiner Seele, daß ich nicht zu mir selber kommen konnte. Ein Zusammenfluß von Ideen, von Gefühl, die alle unentwickelt waren! Kein Freund, vor dem ich mich aufschließen konnte! Ich fühlte meine Untüchtigkeit, und dennoch mußte ich alles in mir selber finden.

Wenn man die Gefahr vor Augen sieht oder der Mensch viele Leiden hat, so nimmt er seine Zuflucht zum Gebet. Nie habe ich mit wahrer und mehrer Inbrunst gebetet als zu dieser Zeit; ich hätte die größte Heilige werden können.

In denen Jahren, wo sonst alles blühet, war bei mir Nebel und Finsternis.«

In dieser Lage wurde ihr Hilfe und Fürsorge zuteil aus Braunschweig. Der Vater, Herzog Carl I., schickte einen seiner fähigsten Beamten nach Weimar, der Anna Amalia bei der Führung der Regierungsgeschäfte unterstützen sollte. Nach anfänglichen Schwierigkeiten hatte sie beim kaiserlichen Hof in Wien erreicht, daß ihr 1759 die alleinige Vormundschaft für die Söhne und die Regentschaft über das Herzogtum übertragen wurden. Und nun ließ sie sich die Zügel nicht wieder aus der Hand nehmen.

Eine harte Zeit lag vor der jungen Anna Amalia,

in der sie sich, so wird berichtet, als eine kompetente und von praktischem Menschenverstand geleitete Herrscherin erwies. Trotz sparsamster Haushaltsführung konnte sich Weimar zu einer bescheidenen Residenzstadt entwickeln. Die Strohdächer und Scheunen wurden abgeschafft, die Straßen gepflastert und beleuchtet, die Abwasserkanäle überwölbt. Die Fürstin setzte sich ein für eine verbesserte Schulbildung und für die Planung einer Hebammenschule, um die Säuglings- und Müttersterblichkeit zu mindern. Sie ließ das Grüne Schloß in Weimar in den Jahren 1763–1766 zu einer Bibliothek umbauen, die noch heute berühmt ist und ihren Namen trägt. Als Freundin der Musen förderte sie Theater und Musik. In einem musiktheoretischen Aufsatz schreibt Anna Amalia, die auch selber komponierte, der Tonkunst einen nicht unbedeutenden Einfluß auf den sittlichen Charakter des Menschen zu, den »Großen Geschmack«, die Sehnsucht nach dem Vollkommenen, die »Kraft für das Gute und gegen alles Schlechte«. Und das Theater? Auch das war für sie einer der Wege zur Volksbildung. Dreimal in der Woche wurde ein großer Teil der Zuschauerplätze kostenlos für die Bürger bereitgehalten, oft finanziert aus der Privatschatulle der Herzogin. So veränderten die Künste das Weimarer Leben. Besucher aus den benachbarten Fürstentümern kamen in die Stadt, deren Kultur gerühmt und berühmt wurde.

Doch Anna Amalia plagten oft Enttäuschungen, Zweifel und die Furcht, übernommenen Aufgaben und Forderungen an sich selbst nicht gewachsen zu sein. Sie war doch noch so jung und die Pflichten allzu umfangreich. Nicht nur das Wohl ihrer Landeskinder lag ihr am Herzen, sie sorgte sich ebenso ernsthaft um die Erziehung ihrer eigenen Söhne. Erbprinz Carl August war fünfzehn Jahre alt, als sich die Herzogin bemühte, den berühmten Christoph Martin Wieland, den Philosophen der Erfurter Universität, den Dichterfürsten, der sich auf der Höhe seines Schaffens befand und für den Bildungsfragen einen besonderen Rang einnahmen, als Prinzenerzieher an ihren Hof zu binden. Ihre Offenheit

Anna Amalia mit Erbprinz Carl August.

und Großzügigkeit bestimmten Wieland, den Ruf nach Weimar anzunehmen. Zudem war er sicher, neben der Tätigkeit als Lehrer auch seine eigenen philosophischen und dichterischen Pläne in Weimar weiterentwickeln zu können. Er wirkte sehr bald wie ein Magnet. Viele Dichter von Rang weilten nun, von ihm angezogen, als Gäste in der Stadt. Erst mit der Berufung Wielands durch Herzogin Anna Amalia wurde Weimars Ruf als Musenhof gefestigt. Und der Kaiserliche Gesandte konnte 1773 an den Wiener Hof berichten, Anna Amalia sei »eine sehr kluge und mit vielen Talenten begabte Fürstin, die ihre Obervormundschaft zum Besten ihres Sohnes und dessen Landes mit ungemeiner Klugheit und Ökonomie geführt« habe.

Wieviel Kraft muß es die junge Anna Amalia gekostet haben, bis sie nach Überwindung aller Widrigkeiten eine derart gewürdigte Stellung in ihrer Gesellschaft erlangte!

Die unbeschwertesten Tage ihres Lebens, so will es scheinen, hat sie in Tiefurt verbracht. Befreit von Regierungspflichten konnte sie hier – fern der Hofetikette – ihren schöngeistigen Neigungen leben. Auch ihr großer Wunsch, die italienische Kunst zu erleben, wurde der Herzoginmutter erfüllt. Während ihres zweijährigen Italien-Aufenthaltes von 1788–1790 gehörte das Thuselchen zu ihrer Begleitung. In dieser Zeit konnte Anna Amalia noch nicht ahnen, wie stark die Auswirkungen der Französischen Revolution, die 1789 ausbrach, auch ihr Land erschüttern würden.

Viel Leid und Bitternis mußte sie am Ende ihres Lebens ertragen: Prinz Constantin, ihr Zweitgeborener, im Krieg gefallen, ihr Lieblingsbruder während

dieser Zeit gestorben, das Land verwüstet und aus-
geraubt. Sie selbst mußte sich noch für eine kurze
Zeit vor den marodierenden Truppen auf die Flucht
begeben. Auch Tiefurt erlitt Zerstörungen durch
die Einwirkungen des Krieges. Die neuen Ideen,
die über Europa kamen, konnte sie sich nicht mehr
zu eigen machen. Ihr Jahrhundert war vergangen.
Am 10. April 1807 ist Herzogin Anna Amalia an einem Schlaganfall in ihrem Weimarer Wittumspalais
gestorben. Wenige Monate später, am 7. September
1807, folgte ihr ihre Erste Hofdame Luise von Göchhausen.

Was die Herzogin den Bürgern Weimars bedeu-
tet hat, ist in dem Brief eines Bibliothekars sehr be-
wegend ausgedrückt:

»Wir sind alle traurig und in Tränen; vielleicht
ist kein Haus in Weimar, wo dieser edlen Fürstin
nicht Tränen fließen … Sie wußte den Fürsten und
den Menschen in sich zu vereinigen. Sie zog die besten Geister an sich, wo sie sie fand, das wird nun in
Weimar nicht mehr geschehen, und sind Wieland
und Goethe einmal nicht mehr, so wird Weimars
Glanz und Ruhm, den Anna Amalia erwarb, nur
noch in der Geschichte leben. Wir wollen uns glücklich preisen, daß wir in dieser Zeit gelebt und diese
Fürstin gekannt haben; eine bessere sehen wir nicht
wieder, auch ihres Gleichen nicht. Dies fühlt jeder
hier, und das ist das Gefühl, mit welchem wir um
sie trauern …«

Am 10. April 1807 wurde die Herzogin Anna
Amalia von Sachsen-Weimar-Eisenach in der Jakobs-
kirche in Weimar beigesetzt.

MARIE SEEBACH

1829–1897

ZEITTAFEL

1829, 24. 2.   Marie wird als Tochter des Künstler-Ehe-paares Theona und Friedrich-Wilhelm Seebach in Riga geboren

1832   Das Schauspieler-Sänger-Ehepaar wechselt nach Berlin an das Königstädtische Theater. Tochter Wilhelmine wird geboren

1835   Marie steht mit ihrer Schwester in Kinderrollen auf der Bühne

1837   Tod der Mutter

1845   Marie wird zur Schauspielerin ausgebildet

1848–1852   Engagements in Lübeck und Hamburg

1854, 18.–31. 7.   Gastspiel bei Franz Dingelstedt in Mün-chen anläßlich der Internationalen Industrieausstellung

1854, 2. 10.   Wechsel an das Burgtheater in Wien unter Heinrich Laube

1856, 30. 10.   Marie Seebach scheitert in Wien und scheidet aus dem Verband des Burgtheaters aus

1856/57   Vermutlich erste Gedanken an einen Hausbau auf der Ilmhöhe von Weimar

1857   Engagement in Hannover

1859, 31. 5.   Marie Seebach heiratet den Wagner-Sänger Albert Niemann

1861   Geburt ihres Sohnes Oscar

1862   Tod des Vaters

1866   Das Ehepaar Niemann-Seebach zieht nach Berlin. Ehekrise – Scheidung, die erst 1869 rechtskräftig wird

1869–1886   Fast 20-jährige Wandertätigkeit; Gastspiel-Stationen in Frankfurt, Nordamerika, Dresden, Berlin

1886   Engagement am Berliner Hoftheater als Nach-folgerin ihrer Tante Minona Frieb-Blumauer

1893   Tod ihres Sohnes Oscar. Sie beschließt, von ihrem

Vermögen ein Altersheim für Bühnenkünstler in Weimar
zu stiften

1895, 2. 10.   Einweihung des Marie-Seebach-Stiftes
in Weimar

1897, 3. 8.   Marie Seebach stirbt während eines Kuraufenthaltes in St. Moritz

1897, 12. 8.   Beisetzung auf dem Dreifaltigkeitsfriedhof
in Berlin

UMJUBELT –
ABER AUCH GLÜCKLICH?

ZUERST war es nur ein Gerücht, das zu Anfang des Jahres 1894 in Weimar kursierte. Nicht einer der vielen Theaterfreunde in der Stadt wollte so recht glauben, was dann doch zur Gewißheit wurde: die große Schauspielerin Marie Seebach, die immer wieder zu einem Gastspiel nach Weimar kam und hier von vielen Menschen verehrt wurde, war in Berlin verunglückt. »Von einem Pferdefuhrwerk soll sie überfahren worden sein«, raunte man sich zu. Der nächste wußte schon mehr: »Beide Beine sind gebrochen« und ergänzte etwas wehmütig: »Ob sie wohl jemals wieder bei uns Theater spielen wird?« Andere in Weimar fragten: »Wird unsere Marie Seebach dieses Unglück überhaupt überstehen?«

Gestorben war die Schauspielerin nicht. Sie überlebte den Unfall. Man hatte sie in ein Berliner Krankenhaus gebracht, und dort lag sie nun schon viele Tage und Nächte, in denen sie kaum Schlaf fand. Wird sie je wieder auf der Bühne stehen können? Die Ärzte hatten zu einer Amputation geraten, aber sie wies diesen Rat zurück. Eines Tages wird sie sich von dem Krankenlager erheben können. Das muß sie schaffen! Sie gibt die Hoffnung nicht auf. Ihre Gedanken wandern. Dieser schreckliche Tag im letzten April. Warum mußte nur ihr Sohn so früh sterben? Er hatte viele Talente. Gewiß, Oscar war viel krank, sehr krank. Warum durfte er nicht endlich gesund werden und den Erfolg haben, den er sich so sehr wünschte. Erst 31 Jahre alt und schon sterben müssen…

Nur für diesen einzigen Sohn hatte Marie Seebach gelebt, seit der Trennung von Albert Niemann, seinem Vater. Für ihn hatte sie ein Vermögen zusammengespart. Doch sein Leben war zu Ende; ihres jedoch ging weiter. Sie gab diesem Leben ein neues Ziel. Das sollte und mußte erreicht werden. Dann traf sie dieser Unfall. Tröstlich war, daß sie von überall her Anteilnahme erfuhr. Ihre Schwester Wilhelmine hatte sogar das Engagement an der Bühne in Königsberg aufgegeben, um für sie dazusein. Mit Wilhelmine hatte sie schon bald nach Oscars Tod über ihr Projekt gesprochen. Von dem ersparten Vermögen wollte sie ein Altersheim bauen lassen für mittellose Bühnenkünstler, um ihnen einen sorgenfreien Lebensabend zu ermöglichen. Und in Weimar sollte es entstehen, der Stadt Goethes und Schillers. Ihren Dramen verdankte sie so viele herrliche Rollen. Weimar schien ihr der ideale Wohnsitz zu sein für Menschen, die ihr Leben lang für die Kunst, für Theater und Musik gearbeitet hatten.

Der Unfall sollte die Verwirklichung dieses Projektes nicht beeinträchtigen. Deshalb war Wilhelmine an ihrer Statt nach Thüringen gereist zur Audienz bei Großherzog Carl Alexander, um mit dem Fürsten über ein Baugrundstück zu verhandeln, das Maries Vorstellungen entsprach. Sie wünschte es sich auf der lieblichen Höhe über der Ilm, dort, wo der Weg nach Tiefurt führt. Oft hatte sie diesen Ort aufgesucht. Hier hatte sie die würzige Luft genossen und die Anmut der Umgebung, so weit das Auge blickte. Kein Platz schien ihr besser geeignet. Mit welchem Ergebnis wird Wilhelmine aus Weimar zurückkehren? Und hat sich ihr Vorhaben wohl schon in Weimar herumgesprochen?

Im fernen Berlin schließt Marie Seebach die Augen. Sie träumt sich zurück. Hamburg – das Pferdefuhrwerk – ja, so war es nach der Aufführung von Goethes »Faust«, damals im Juni 1852. Ihr ist, als sei es erst gestern gewesen. »Heinrich! Heinrich!« Leise verhallten Gretchens Rufe im weiten Theaterraum. Der Vorhang fiel. Totenstille im Zuschauerraum. Aber dann, nach einigen Sekunden, der unbeschreibliche Jubel, die Menge tobte. Und in die Bravos immer wieder: »Marie Seebach! Marie Seebach!« Es regnete Blumen auf die Bühne, die Leute drängten nach vorn an die Rampe, jeder wollte ihr nahe sein. Billets reichten sie ihr herauf, mit Huldigungen. Wie dankbar hatte sie die Zeichen der Verehrung entgegengenommen! Dieser Trubel könnte die Gelegenheit gewesen sein für die drei jungen Burschen – vielleicht Söhne wohlhabender Handelsherren –, die wahrscheinlich draußen vor dem Theater mit dem Kutscher verhandelt hatten. Die Pferde wollten sie ihm ausspannen, gegen ein ordentliches Handgeld versteht sich. Und dann die Überraschung, als sie aus dem Bühnenausgang auf die Straße heraustrat. Zweibeinige Kutschpferde! Die jungen Herren hatten sich selbst vor den Wagen gespannt und sie voller Verehrung gebeten einzusteigen. Eine solche Ovation hatte sie bisher noch nicht erlebt! Schon ging die Fahrt los, in munterem Trab durch die Straßen der Stadt, bis die sonderbaren Pferde keuchend und schwitzend das Gefährt vor dem Hotel zum Stehen brachten. Zum Dank erhielt jeder für diese Huldigung eine Rose aus den üppigen Blumengebinden. – –

Die Kranke greift zu der Mappe, die ihr Wilhelmine zusammen mit ihrem Tagebuch in greifbare Nähe gelegt hat. Weit zurück muß sie blättern. Da, da steht es im »Hamburger Fremdenblatt«. Das war damals die angesehenste Zeitung der Stadt, erinnert sie sich und liest: »Diese junge Künstlerin muß jedem unvergeßlich bleiben, der den herzergreifenden Nachtigallenton dieser Sprechstimme je vernommen hat. Alles Interesse konzentrierte sich auf ihre schlichte, liebliche Erscheinung, folgte gleichsam atemlos jedem Hauch der Lippen…«

Eigentlich war es nur ein Gastspiel gewesen, aber der Auftritt in Hamburg hatte viel eingebracht: einen Vertrag, der ihr 1000 Taler Jahresgage zusicherte, dazu ein Spielhonorar von 2 Talern je Auftritt – viel Geld, fast das Doppelte dessen, was sie zuvor in Kassel erhalten hatte. Und zudem, das war von nicht zu unterschätzender Bedeutung, spielte man ja in der reichen Hansestadt vor internationalem Publikum. Fest engagiertes Mitglied der »Vereinigten Theater Hamburgs« war sie geworden, betraut mit den anspruchsvollsten Rollen: Klärchen in Goethes »Egmont«, Maria Stuart, Agnes Sorel in der »Jungfrau von Orléans«; auch die heitere Franziska in Kleists »Minna von Barnhelm« durfte sie spielen und natürlich das Gretchen. Ja, Hamburg, hier gab es die großen Entfaltungsmöglichkeiten, und hier war ihr der Durchbruch gelungen. Marie nimmt die Mappe, die inzwischen auf die Decke ihres Krankenbettes geglitten war, wieder zur Hand. Da war doch das Stück nach dem englischen Roman »Jane Eyre«, über das auch etwas in der Zeitung gestanden hatte. Sie sucht nach dem Artikel über »Die Waise von Lowood«. Hier, in der »Illustrierten Zeitung« aus Leipzig: »Frl. Seebach, eine ebenso liebenswürdige wie mit dem außerordentlichsten Talent begabte junge Dame, spielte die Jane Eyre mit einer Vollendung, welche den Dr. Laube bei einer zufälligen Anwesenheit in Hamburg veranlaßte, sogleich die vorteilhaftesten Offerten für das Wiener Hofburgtheater zu machen...«

Das Wiener Burgtheater – Ziel aller ehrgeizigen Schauspieler! Hatte Hans Wachenhusen sie eigentlich damals vor den Offerten des Dr. Laube gewarnt? Wachenhusen, dieser getreue Eckart! Immer hatte er sie bewundert, seit ihren Anfängen in Lübeck; er hat sie verehrt, wurde ihr Freund und ist es bis heute geblieben. Gut, daß sie ihn gebeten hat, Wilhelmine jetzt nach Weimar zu begleiten. »Mir scheint, er fühlt für mich mehr als Freundschaft«, so hatte sie vor vielen Jahren in ihr Tagebuch geschrieben. Aber sie mußte ihn zurückweisen. Zu sehr wirkte die Enttäuschung ihrer ersten großen Liebe nach. »Dein ist mein ganzes Herz und soll es ewig bleiben«, für sie, nur für sie gesungen von dem umschwärmten Tenor Adolf Peretti, und dennoch hatte er sie verlassen. »Arme Marie, gleich das erste Mal betrogen! ... Lerne dulden und entsagen! Für dich blüht nun hier auf Erden einmal kein Glück, außer vielleicht noch das, dich in deiner Kunst unsterblich zu machen.« An diese Tagebuchzeilen erinnert sie sich Wort für Wort.

Sich in der Kunst unsterblich machen, das hatte sie immer gewollt. Und wenn sie jetzt zurückblickt auf all die Jahre: es ist ihr gelungen!

1854, der Sommer in München. Bayernkönig Maximilian und seine große internationale Handels- und Industriemesse, dazu Franz Dingelstedts Theater. Die berühmtesten Schauspieler der deutschen Bühnen hatte er eingeladen und sie, Marie Seebach, sogar persönlich in der Hofequipage abgeholt. Jubel, begeistertes Publikum wie in Hamburg. Die in- und ausländische Presse feierte sie als »Stern des Nordens«. Und Wien, das Burgtheater, sollte danach die Krönung sein. Die Krönung? Nie zuvor hatte sie so abfällige, sogar gehässige Kritiken bekommen wie ausgerechnet in Wien. Was nützte es, daß sie gute Freunde in der Wiener Gesellschaft hatte, auf Hofbällen tanzte im Schloß Schönbrunn – einmal sogar am Arm des Kaisers – all das wog die Verletzungen nicht auf. Sie und Dr. Laube paßten einfach nicht zusammen. Warum mußte er sie einengen in ihrer Kunst? Warum wollte er ihre Gagenforderungen nach den großen Münchener Erfolgen nicht erfüllen? Ihr blieb doch gar nichts anderes übrig, als mehr und mehr »außerordentlichen Urlaub« zu nehmen, um dem »Burgtheaterkäfig« zu entkommen und andernorts zu gastieren, wie in Olmütz oder in Danzig. Und in den Theaterferien im Sommer zurück nach München zu Dingelstedt. Wie hatte sie dort die herrlichen Tage genossen, sich wieder freigespielt! In dieser Zeit schrieb Marie Seebach, zurückgekehrt nach Wien, an ihren Vater, welch ein unbändiger Ehrgeiz sie erfülle, noch erfolgreicher zu werden, noch mehr Triumphe zu feiern. Sie strebe nach Virtuosität, nach Vollkommenheit, wolle von Bühne zu Bühne eilen. Die Wiener Kritiken jedoch wurden noch vernichtender, und am 30. September 1856 verließ Marie Seebach Wien endgültig. Gastspiele an anderen Theatern winkten. Die Seebach konnte sich ihre Rollen aussuchen, wurde bejubelt, stand im Mittelpunkt, aller Augen richteten sich auf sie, und – sie konnte ein Vermögen erwerben, mußte nie mehr in Armut und Unsicherheit leben wie in ihrer Kindheit. Der Preis für Triumphe und Ehrungen aber war hoch: kein geruhsames Zuhause, wechselnde unpersönliche Hotelzimmer, stets Kofferpacken und vor allem immer Höchstleistungen bringen. All der Glanz brachte ihr nicht das Glück, das sie suchte. Die Tagebuch-Aufzeichnungen aus der Wiener Zeit machen es deutlich: »Warum muß denn gerade ich so alleinstehen mit meiner Seele voller Liebe, mit meiner Sehnsucht, meinem Bedürfnis nach einem teilnehmenden Menschenherzen, dem ich etwas bedeute, dem ich mein ganzes Leben lang dafür dankbar sein könnte? Warum bin ich trotz Ruhm, Ehre, Auszeichnung doch so entsetzlich arm an bitteren, schmerzlichen Tränen und Seufzern?«

Zur Jahreswende 1856/57 war sie wieder einmal zu einem Gastspiel nach Weimar eingeladen worden. Weimar – das war für sie ein Ort der Ruhe in ihrem rastlosen Leben. Immer wieder fühlte sie sich angezogen von dem Flair dieser Stadt. Sie liebte das Sommergrün der Buchenwälder ringsum, die verschneiten Tannen zur Winterzeit, und sie liebte ihr Weimarer Publikum.

Die kleine Residenz an der Ilm hatte sich durch Franz Liszt zu einem neuen kulturellen Zentrum entwickelt. Ein Vierteljahrhundert nach Goethes Tod war Liszt der neue Magnet. Er lebte auf der Altenburg, einer geräumigen Villa, auf einem Hügel über der Ilm gelegen. Hier hielt auch seine Lebensgefährtin, die Fürstin Carolyne zu Sayn-Wittgenstein, Hof. Das neue Jahr sollte in den ersten Januartagen mit einem Fest auf der Altenburg begrüßt werden. Zu den Festgästen gehörte neben dem Dichter Hoffmann v. Fallersleben, dem Bildhauer Ernst Rietschel und anderen Persönlichkeiten auch Marie Seebach. Man plauderte in heiterer Runde, erzählte Theateranekdoten, bewunderte wohl auch das Gewand der Fürstin mit den kostbaren Spitzen, dem roten Samtüberwurf und dazu den funkelnden Edelsteinen. Liszt erhob sich, setzte sich an den Flügel, Marie Seebach trat hinzu. Und nun lauschte die Gesellschaft einem Melodram, das zwei Tage später in Weimar öffentlich aufgeführt werden sollte:

> *Der Knabe träumt, man schicke ihn fort*
> *mit dreißig Talern zum Heideort.*
> *Er ward drum erschlagen am Wege …*

Meisterhaft habe sie Hebbels schaurig düstere Ballade »Der Heideknabe« gesprochen, war das Urteil der Anwesenden, und im Einklang mit Liszts Begleitung zeige sich die herrliche Verschmelzung von Dichtung und Musik. »Auf wie wundersame Weise ist doch die Schauspielkunst den anderen Künsten verbunden«, soll die junge Schauspielerin geäußert haben, sie könne dem Dichter, dem Maler und dem Musiker dienen. Vermutlich hat Marie Seebach, erfüllt von diesem Eindruck damals auch gesagt, sie wolle, einmal alt geworden, neben der Altenburg ein Haus bauen, in dem alle Künste zusammenkommen können. Wer konnte ahnen, daß dieses Haus wirklich entstehen würde!

Nach dem kurzen Gastspiel in Weimar war Hannover das nächste Ziel. Was die junge Frau immer und überall gesucht hatte, über den Ruhm hinaus auch ein persönliches Glück – hier in Hannover sollte sie es finden. Sie begegnete Albert Niemann, dem gefeierten Wagner-Sänger, dem Tannhäuser. Als er ihr seine Liebe gestand, begann für sie ein neues Leben. »Es sprach dein strahlend Auge mir, wie glücklich bin ich nun in dir. Und meine Seele jubelt laut: Bin seine Braut! Bin seine Braut!« So drückte sie ihre Empfindungen in ihrem Tagebuch aus. Das Paar reiste nach Venedig, Mailand, nach Zürich zu Richard Wagner. Im Mai 1859 wurde geheiratet. Beide waren sich einig: Sie wollten gemeinsam durchs Leben gehen. Albert Niemann gab seiner Frau das Gefühl, sie habe in ihrem Leben und in ihrer Kunst den Gipfel erreicht. Und wieder ging es auf Gastspielreisen, rastlos. Mainz, Mannheim, Basel, Bern – die zwei hetzten von Ort zu Ort. Trennungen und Wiederkommen, – – nach einem Jahr Ehe reimte die junge Frau in ihrem Tagebuch:

Wie träumt ich einst so selig von künft'ger Liebe Glück!
Wie ging ich einst so fröhlich entgegen dem Geschick!
O weilt, o weilt ihr Träume und schmückt auf kurze Zeit
des Herzens düstre Räume mit Märchenherrlichkeit!
Erzählt ihm Lieb aufs neue, wie einst ihr es getan,
doch nicht von ihrer Treue, denn die bleibt Märchenwahn!

Sie mag es geahnt haben: dieser Ehe war keine Dauer beschieden. Aber sie erlebte tiefes Glück durch die Geburt ihres Sohnes Oscar am 13. Mai 1861. Selig war sie, »man kann nicht seliger sein«. Ihre Ehe jedoch trieb in immer größere Schwierigkeiten. Marie fühlte sich hintergangen, getäuscht, verraten gerade von jenen Menschen, denen sie am meisten vertraut hatte, von ihrem Mann und der engsten Freundin. Die Ehe

Marie-Seebach-Stift in Weimar.

wurde geschieden, und Marie Seebach reiste wieder, nun mit ihrem Kind, von Ort zu Ort; Gretchen, Stella, Prinzessin Eboli … Eine Amerika-Tournee, dann nach der Rückkehr zunächst nach Dresden, schließlich nach Berlin. Ein Leben voller Unrast, aber in der Gewißheit, ihrem über alles geliebten Sohn eine gute Erziehung und die Ausbildung seiner Talente ermöglichen zu können. Nach Oscars frühem Tod widmete sie sich voller Hingabe dem Bau des Künstlerheimes.

Ihre Schwester Wilhelmine kehrte aus Weimar zurück mit der Nachricht, der Fürst habe das Baugrundstück für das Seebach-Projekt kostenlos zur Verfügung gestellt. Nun galt ihr Trachten allein der Zukunft. An all das Bittere in ihrer Vergangenheit brauchte sie nicht mehr zu denken. Mit einer fast unglaublichen Willenskraft arbeitete sie an ihrer Genesung. Sie besprach mit ihrem Notar Einrichtung und Ziel der Stiftung, mit dem Architekten die Baupläne. Am 15. Oktober konnte sie zum ersten Mal wieder auf der Bühne stehen, und wenig später begannen die Ausschachtungen für das Haus. Schon im nächsten Frühjahr stand der Rohbau, das fertige Haus konnte am 2. Oktober 1895 feierlich eröffnet werden.

Trotz aller Bemühungen der Bühnengenossenschaft um soziale Sicherheit und Versorgung lebten damals viele Künstler, wie auch Marie Seebachs eigener Vater, im Alter in Armut und Not. Daran dachte die Stifterin, als sie bei der Einweihungsfeier sagte: »Solange solch ein Elend möglich ist, stimmt etwas nicht in der Gesellschaft. Es muß und es wird eine Zeit kommen, wo keiner mehr Angst vor dem Alter zu haben braucht, wo jeder, der redlich gearbeitet hat, ob es nun ein Schauspieler war, der die Ideen der Humanität verbreiten half, oder ein Fabrikarbeiter, das ist ganz gleich, seinen Lebensabend sorglos verbringen wird.« Sieben Pensionäre waren die ersten, die ein vollständig möbliertes Zimmer beziehen konnten, verpflegt wurden in dem freundlichen Speisesaal, sich im Salon treffen und dank großzügiger Spenden namhafter Leute das Theater in Weimar und andere Sehenswürdigkeiten der Stadt unentgeltlich besuchen konnten. Ihnen übergab Marie Seebach das Haus mit den Worten: »Eurer Obhut übergebe ich dieses euer Haus. Behütet es und bestellt es gut, als wäre es das Eigentum jedes einzelnen. Es ist kein Schauspielhaus. Und doch hat jeder darin eine Rolle zu spielen, seien es Anstandsdamen, Repräsentations- oder Charakterrollen, vor allem »Komische Alte«. Das Fach des Intriganten fällt natürlich aus...«

Wie überall jedoch, wo Menschen wirken, stellten sich auch in dem Künstlerheim Probleme ein. Unregelmäßigkeiten, nicht immer sorgsam verwaltete Ausgaben bekümmerten die Stifterin, doch sie versuchte, in allen Stiftsangelegenheiten die Zügel in der Hand zu behalten. Ihre Sommerferien im Jahre 1897 verbrachte Marie Seebach in St. Moritz. Dort starb sie während ihres Kuraufenthaltes am 3. August an einer Lungenentzündung. Neun Tage später wurde sie mit großem Geleit auf dem Dreifaltigkeitsfriedhof in Berlin beigesetzt, wo auch der geliebte Sohn seine letzte Ruhestätte gefunden hatte. Es ist anzunehmen, daß auch aus Thüringen anteilnehmende Gäste angereist waren. Denn die Bewohner des Künstlerheimes trauerten um ihre Stifterin, viele Thüringer um eine bedeutende Bühnendarstellerin, die Weimarer aber um ihre Marie Seebach, die sie längst als eine der ihren betrachteten. Mit dem Marie-Seebach-Stift aber bleibt sie über ihren Tod hinaus mit der Stadt Weimar verbunden.

EUGENIE JOHN-MARLITT

1825–1887

ZEITTAFEL

1825, 5. 12. Friederike Henriette Christiane Eugenie
John wird in Arnstadt geboren als zweite Tochter
des Kaufmanns und Malers Johann Friedrich Ernst John
und seiner Ehefrau Christiane Wilhelmine Johanna
geb. Böhm

1841–1846 Gesangsausbildung am Hof zu Sondershausen

1847–1852 Versuche als Kammersängerin und auch
einige Gastspiele

1853–1863 Als Gesellschafterin am Hof der Fürstin
von Schwarzburg-Sondershausen, Arbeit an
»Mein Herbarium«, Anfänge von »Schulmeisters
Marie«, »Zwölf Apostel« und »Goldelse«

1863 Rückkehr nach Arnstadt zur Familie; Beginn
bzw. Fortsetzung der schriftstellerischen Arbeiten

1865–1869 Mehrere Veröffentlichungen in der »Gartenlaube« unter dem Pseudonym E. Marlitt (»Zwölf Apos-

tel«, »Goldelse«, Novelle »Blaubart«, »Geheimnis der alten Mamsell«, »Reichsgräfin Gisela«)

1871   Umzug in das Haus »Marlittsheim« (heute »Villa Marlitt«), E. Marlitt ist immer stärker auf den Rollstuhl angewiesen

1874 – 1876   Zwei weitere Romane (»Die zweite Frau«, »Im Hause des Kommerzienrates«) werden ver-öffentlicht; Übersetzungen in mehrere Fremdsprachen

1878   Tod des Verlegers Ernst Keil

1879 – 1886   Weitere Romane erscheinen (»Im Schillings-hof«, »Amtsmanns Magd«, »Die Frau mit den Karfunkel-steinen«), Beginn der Arbeit am Roman »Das Eulenhaus«

1887, 22. 6.   Tod der Eugenie Marlitt in Arnstadt

1887, 25. 6.   Beisetzung unter großer Anteilnahme der Bevölkerung auf dem Alten Friedhof von Arnstadt

1888   Der unvollendet gebliebene Roman »Das Eulenhaus« erscheint nach seiner Fertigstellung durch die Schriftstellerin W. Behrendt posthum in der »Gartenlaube«

EIN WEITER WEG
ZUM ERFOLG

A N einem Wintertag zu Beginn des Jahres 1868 sitzt eine nicht mehr ganz junge Frau am Fenster ihres bescheidenen Zuhauses und schaut hinaus auf die verschneiten Dächer ihres Heimatortes Arnstadt. Plötzlich öffnet sich die Tür, der alte Vater tritt ein und übergibt seiner Tochter Eugenie einen Brief. Mit einigem Erstaunen liest sie die Anrede: »Schöne unbekannte und liebenswerte Schriftstellerin«, der Absender bezeichnet sich als »College«, der ihre Geschichte »Das Geheimnis der alten Mamsell« gelesen habe, von der Erzählung »gerührt und entzückt« sei, und da er eine Reise plane mit ungewisser Rückkehr, hege er den Wunsch, vorher noch die Bekanntschaft der Autorin zu machen.

Dieser Absender ist kein Geringerer als Fürst Pückler-Muskau, inzwischen 82-jährig, aber immer noch auf den Spuren interessanter Persönlichkeiten weiblichen Geschlechts, so wie er sie sein Leben lang zu umwerben liebte.

Nein, antwortet ihm Eugenie sogleich mit freundlichem Dank, sie sei gegenwärtig leidend, daher an das Zimmer gefesselt und empfange keinen Besuch.

So schnell gibt aber ein Fürst Pückler nicht auf. Ihre Ablehnung halte er für »Diplomatie«. Traurig, so kurz und bündig abgewiesen zu sein, schicke er ihr sein Porträt und bitte darum, wenigstens die Korrespondenz fortzusetzen, da sie so grausam sei, ihn nicht sehen zu wollen. Eugenies Antwort ist ein längerer Brief, in dem sie ihn wissen läßt, die »sternbesäte Uniform der fürstlichen Photographie« würde sie nur zur Auflehnung reizen; er müsse begreifen, daß sie Frieden wolle an ihrem Arbeitstische.

Nun geht der Fürst einen Schritt weiter: »Erlauben Sie mir zuerst, Sie meine geliebte und verehrte Freundin zu nennen, obgleich ich Sie noch nie gesehen …« Er lädt sie ein, nach Branitz auf sein Schloß zu kommen; er ließe sich nicht abweisen. Wenigstens für einige Tage solle sie ihn besuchen, er wolle sie auf Händen tragen. Aber auch das wollte Eugenie Marlitt nicht. Sie danke für die Einladung, könne nicht kommen, da sie zu leidend sei, »… und, was würden Ihre stolzen Hirsche und Rehe für Augen machen, wenn ein Menschenkind mit völlig demokratischer Weltanschauung hinter der Stirn in Ihrem aristokratischen Park umherwandeln wollte! …«

Zu dieser Zeit lebte Eugenie Marlitt mit ihrer Familie, dem Vater, Bruder Alfred und dessen Frau Ida in völliger Zurückgezogenheit. Sie liebte das Alleinsein.

Fürst Pückler jedoch fragt wieder an. Er sei leidend, reise nach Bad Wildungen und wolle sie gern auf dem Wege dahin sehen. »Ich bin schwerhörig, einsilbig im Gespräch und körperlich so leidend, daß ich an das Zimmer gefesselt bin«, lautet Marlitts Antwort. Und was ihr Haus betreffe, so sei es nicht dazu angetan, einen hocharistokratischen Gast aufzunehmen. »… Ich begreife nicht, weshalb Sie eine persönliche Zusammenkunft so consequent verlangen. Hat nicht ein Briefwechsel, wie wir ihn angefangen, tausendfachen Reiz? … Ist es nicht ein köstliches Gefühl zu wissen, daß draußen in der weiten

Welt ein Mensch lebt, dem ich durch ein starkes geistiges Band gewissermaßen angehöre, und sind dazu die zwei Hände nötig, die sich in Wirklichkeit berühren?«

Inzwischen ist es Herbst geworden. Noch einmal versucht der Fürst sein Glück bei der »geliebten Freundin«. »Liebe Eugenie«, »Verehrte Dichterin«, »Rätselhafte Herrin«, so hatte er sie in seinen Briefen angeredet. Dieses Mal komme er nun selbst für einige Tage als Pensionsgast nach Arnstadt. Doch Eugenie Marlitt – sie läßt sich weder sehen noch sprechen, ist völlig ausgefüllt mit ihrer Arbeit an einem neuen Roman. Enttäuscht und gekränkt reist der Fürst ab. Im Oktober des Jahres 1868 findet der Briefwechsel zwischen Eugenie Marlitt und Fürst Pückler-Muskau sein Ende.

Die Schriftstellerin Marlitt – geboren wurde sie am 5. Dezember 1825 in Arnstadt als Eugenie John.

Geburtshaus der Marlitt in Arnstadt, Markt 12.

Eigentlich wollte sie Sängerin werden. Schon früh erkannten die Eltern die musikalische Begabung ihrer kleinen Tochter. Als Achtjährige trat sie bereits bei musikalischen Festlichkeiten in ihrer Heimatstadt auf. Man war der Überzeugung, diese Begabung müsse unbedingt eine fachgerechte Ausbildung erhalten. Doch die finanziellen Verhältnisse der Familie John waren dafür zu beschränkt, so daß der Vater sich mit der Bitte um Unterstützung an die Fürstin Mathilde von Schwarzburg-Sondershausen wandte, die sich der Förderung von Kunst und Wissenschaft widmete. Eugenies musikalische Fähigkeiten wurden überprüft. Das ehrgeizige junge Mädchen erfüllte alle Aufgaben und wurde freundlich am Fürstenhof aufgenommen. Sie erhielt Schulunterricht mit den Fürstenkindern sowie eine Ausbildung in Gesang und Klavierspiel. Sogar eine Weiterbildung in Wien ermöglichte ihr die Fürstin. Welch eine Veränderung für die junge Eugenie! Aus der Enge ihres Zuhauses an den Fürstenhof, nach der starren Alltäglichkeit von Arnstadt nun Wien: das muntere, lockere Leben, Musik ringsum, das Großartige der alten Kaiserstadt. »Mein Wiener Aufenthalt«, schrieb sie später, »ist und bleibt das goldene Zeitalter meines Lebens, eine Oase voll Grün und Sonnenschein, auf der mein Blick erquickt ausruht, wenn er sich rückwärts wendet.«

Alles schien so gut zu werden. Sie war Sängerin und hatte im März 1847 eine Rolle an der Leipziger Oper bekommen. Doch die Kritik war enttäuschend: »Die Stimme war hübsch und auch ausreichend, und ihre musikalische Sicherheit wie ihre Gesangsfertigkeit ließen nichts zu wünschen übrig – wenn sie nur imstande gewesen wäre, dieses alles von sich zu geben und zur Geltung zu bringen.« Schüchtern und voller Lampenfieber hatte die 21-Jährige kaum einen Ton herausgebracht. Die inzwischen geschiedene Herzogin Mathilde ließ ihren Schützling jedoch nicht im Stich. Eugenie konnte zurückkehren nach Wien zu neuen Studien und zur Suche nach einem Engagement. Aber wer ging schon im Revolutionsjahr 1848, als auch in Wien auf den Barrikaden gekämpft wurde, in die Oper. Auch in Olmütz, wohin Kaiser Franz Joseph mit seinem Hofstaat geflüchtet war, suchte das Fräulein v. Arnstädt, wie man sie nannte, ihr Glück. Nachdem alle Bemühungen fehlgeschlagen waren, kehrte Eugenie traurig und enttäuscht nach Arnstadt zurück. In Begleitung ihrer Mutter wandte sich die »Fürstliche Kammersängerin« – diesen Titel hatte ihr die Herzogin verliehen – nach Krakau und Lemberg. Es muß ein schwerer Schock für Eugenie gewesen sein, als sich hier plötzlich die ersten Anzeichen einer Schwerhörigkeit bemerkbar machten. Die Ärzte versuchten mit Heilwässern und Bädern, so wird berichtet, das Leiden zu beheben, doch leider erfolglos. Eine Karriere als Sängerin fand damit ihr vorzeitiges Ende. Kurze Zeit danach starb Eugenies Mutter, und es ist kein Wunder, daß die sensible Künstlerin in trübste Gemütsstimmung verfiel.

Wieder erwies sich Herzogin Mathilde als hilfsbereit und großzügig. Nach ihrer Scheidung war sie, die geborene Prinzessin von Hohenlohe, auf das Schloß ihrer Eltern zurückgekehrt. Einen Teil ihres Hofstaates hatte sie entlassen müssen, aber der als Sängerin gescheiterten Eugenie John konnte sie eine neue Aufgabe anbieten: Eugenie wurde Gesellschafterin der Fürstin. Sie reiste mit Herzogin Mathilde, pflegte mit ihr die Liebe zur Musik und Literatur, und in den Abendstunden begann sie lyrische Gedichte zu schreiben:

Der Abend
Ein kluger Knabe ist der Abend,
Er hält's mit Tag und Nacht zugleich:
Die Sonne küßt ihn auf die Locken,
Die Nacht umfaßt ihn lind und weich.
> *Der Tag erzählt ihm von den Menschen,*
> *Und treulich sagt er's dann der Nacht,*
> *Sein Freund, der Mond lauscht dem Berichte:*
> *So kommt es, daß er immer lacht!*

Auch eine kleine Novelle entstand, »Schulmeisters Marie«, und der Anfang der Erzählung »Die 12 Apostel«. Eugenie gewährte anderen nur ungern Einblick in ihre Arbeiten. Als sie sich aber doch einmal überwand und man ihr voller Lob Talent zum Schreiben attestierte, empfand sie ein tiefes Glücksgefühl. Diese Erfahrung war gewiß bedeutsam für ihre weitere Entwicklung.

Zehn Jahre lebte sie in enger Beziehung zur Herzogin Mathilde und beobachtete ihr Umfeld mit wachen Augen. Sie nahm wahr, wie man in Adelskreisen miteinander umging, wie man dort über Bürgerliche dachte, und sie lernte Menschen aus den unterschiedlichsten Ständen kennen. Am Ende aber war sie doch »nur« eine Bürgerliche am fürstlichen Hof, dazu wohl auch ein Opfer von Intrigen. Als die Fürstin ihren Hofstaat abermals verkleinern mußte, trennte man sich. Eugenie kehrte ins Elternhaus zurück, in eine ungewisse Zukunft. Die Fürstin sah sie nicht wieder.

Ihre Heimat, das etwas verschlafene Arnstadt, hatte sich inzwischen zu einem geschäftigen Ort entwickelt, in dem nun auch »politisiert« wurde. Man sprach über die veränderten Verhältnisse, über die Umwälzungen seit 1848. Eugenie John konnte bei ihrer Heimkehr noch nicht ermessen, in welch hohem Grade ihre Zeit am Hof für sie eine Lehrzeit gewesen war, eine Zeit der Erfahrung und Vorbereitung für ihr künftiges Dasein als Schriftstellerin in einer sich wandelnden Gesellschaft. Ihr Weg dahin war lang und nicht leicht.

Es war immer Eugenies Ziel gewesen, der Familie einmal all die Liebe und Zuwendung, die sie empfangen hatte, zurückgeben zu können. Und nun kam sie nach Hause, mittellos und krank. In letzter Zeit hatte sie schmerzhafte Verdickungen an ihren Gelenken beobachtet, auch in München schon einen Arzt befragt. Aber der konnte ihr keine Heilungsaussichten eröffnen, so daß sie jetzt nicht nur unter Schwerhörigkeit litt, sondern auch eine unheilbare Gicht ertragen mußte. Bruder Alfred, inzwischen Lehrer geworden, und seine Frau Ida nahmen die Heimgekehrte liebevoll auf und waren bereit zu ihrer Pflege. Ihnen las sie in den Abendstunden ihre Geschichte »Die 12 Apostel« vor. Bruder und Schwägerin hörten ihrem melodiösen Vortrag gespannt zu, bestärkten und ermunterten sie weiterzuschreiben. Alfred und Ida waren sich einig: Eugenies Geschichte gehört in »Die Gartenlaube«, eine aus Leipzig kommende Zeitschrift, die sie beide kannten. Eugenie zögerte wohl noch ein wenig, übergab aber schließlich das Päckchen mit dem Manuskript ihrem Bruder. »Mach damit, was du willst!« soll sie gesagt haben, und als der Bruder verwun-

dert den Absender E. Marlitt las, sei ihre Antwort
gewesen: »Das ist mein Schild, weißt du, hinter dem
ich mich geborgen fühle, dem man immerhin zu
Leibe gehen kann.«

Alfred John sandte das Päckchen an den Verleger
Ernst Keil in Leipzig. Im Juni 1865 traf in Arnstadt
die Nachricht ein, »Die 12 Apostel« seien angenom-
men. War das eine Freude bei den Johns! Und niemand kannte E. Marlitt.

Im September schon erschien die Geschichte. Und
dann die große Überraschung: auch Ernst Keil hatte
Marlitts Erzähltalent erkannt und fragte bereits am
6. September nach weiteren Arbeiten des »Herrn
Marlitt«. Nur sollten sie möglichst kürzer sein als
»Die 12 Apostel«. Das verunsicherte Eugenie, denn
ihr Roman »Goldelse« war fertig, aber natürlich zu
lang. Sollte sie ihn anbieten? Nach einiger Überwindung schickte sie den Text ab mit der Anfrage, ob er
vielleicht als Buch erscheinen könne. Darauf teilte
der Verleger Herrn Marlitt mit, daß er ihn gern in
Arnstadt treffen möchte, um mit ihm ungestört über
alles zu sprechen. Das führte sicherlich zu einiger
Verwirrung und Aufregung im Hause John, wobei
es Eugenie eigenartig vorgekommen sein mag, daß
man sich unter E. Marlitt nichts anderes als einen
Mann vorstellen konnte.

Ernst Keil kam nach Arnstadt und sicherte zu,
daß er die »Goldelse« als Fortsetzungsroman in seiner »Gartenlaube« veröffentlichen wolle. Nach einem Jahr solle die Buchausgabe erscheinen. 1866,
in der ersten Nummer der Zeitschrift, begann der
Roman. Es wird glaubhaft berichtet, daß freitags in
der Leipziger Königstraße vor dem Verlagshaus der
»Gartenlaube« Hochbetrieb herrschte. Auf Treppen-

stufen sitzend, an Gartenzäune und Gitter gelehnt lasen die Menschen, die »Leute aus dem Volk«, die gerade erschienene neueste Nummer der beliebten Zeitschrift mit der Fortsetzung der »Goldelse«.

Die politische Lage war gespannt, ein Krieg zwischen Preußen und Österreich nicht ausgeschlossen. Aber nicht den politischen Nachrichten galt das Hauptinteresse, gesprochen wurde über die »Goldelse«. Dieser Riesenerfolg war ein Glück für den Verleger wie für die Autorin. Die Zahl der Abonnenten der »Gartenlaube« stieg mit jeder Fortsetzung, und Eugenies Honorar stieg auf das Doppelte. 800 Taler sollte sie nun im Jahr erhalten. Das machte sie überglücklich, denn endlich konnte sie ihren Beitrag zum Unterhalt der Familie leisten. Ebenso glücklich war der alte Vater über den Erfolg seiner Tochter.

Zu Ernst Keil entspann sich eine warmherzige Freundschaft. Obwohl die Familie John sehr zurückgezogen lebte, wurden seine Besuche immer freudig erwartet.

1867 sollte »Das Geheimnis der alten Mamsell« veröffentlicht werden, jener Roman, von dem Fürst Pückler so »gerührt und entzückt« war. Er wurde zum Tagesgespräch, Kritiken standen in den Zeitungen, Interessenten aus dem Ausland meldeten sich, und die Theaterschriftstellerin Charlotte Birch-Pfeiffer verfaßte eine – allerdings wenig erfolgreiche – Bühnenfassung. Aber auch erste negative Stimmen wurden laut. »Trivial« seien die Romane der Marlitt. Doch Bruder Alfred hielt diese Äußerungen liebevoll von seiner Schwester fern. Er wußte, was sie im Innersten bewegte.

Die Buchausgabe ihres Romans »Reichsgräfin Gisela« widmete die Autorin ihrem Verleger mit den

Worten: »Das vorliegende Buch baut sich auf über den Grundideen der Humanität, es versucht Menschenliebe zu erwecken in den Gemütern, die infolge angeborenen Hochmuthes und falscher Erziehung völlig vergessen, daß sie einen himmlischen Schöpfer, ein Vaterland, ein Jenseits mit ihren Brüdern gemein haben, daß sie nur Glieder, mitnichten aber Störende und willkürlich Hemmende einer Kette sein sollen, deren Ende in Gottes Hand liegt ...« Ernst Keil antwortete ihr freundschaftlich: »... von der Thüringer Landsmännin, die ihr kleines, aber so unendlich schönes Vaterland so herzlich liebt wie ich selbst – von Ihnen nehme ich diese Widmung mit dankbarem Herzen an! ...«

Der Verleger war seiner Erfolgsautorin sicher nicht nur freundschaftlich verbunden, sondern auch aus beruflichen Gründen daran interessiert, ihr das Leben zu erleichtern, ihre Schaffenslust und Schaffenskraft zu erhalten. Er half bei der Beschaffung eines notwendig gewordenen Rollstuhls, eines neuen Schreibtisches, und vor allem unterstützte er Alfred John dabei, ein geeignetes Grundstück für ein größeres Haus zu finden. Es war doch alles recht beengt geworden, zumal die Johns inzwischen Kinder bekommen hatten. Eugenie konnte sich dank ihrer beträchtlichen Einkünfte endlich ein neues Haus leisten. Im Juli 1871 bezog die Familie »Villa Marlittsheim«. Der alte Vater konnte sich noch zwei Jahre nach dem Umzug ins neue Heim voller Stolz am Erfolg seiner Tochter freuen. Er starb im Alter von 81 Jahren.

Marlitts Romane fanden weite Verbreitung. In Shanghai lagen sie neben denen von Gustav Freytag in der Buchhandlung des ostasiatischen Lloyd, im

»Journal do Recife« war die portugiesische Übersetzung eines Marlitt-Romans angezeigt. Durch deutsche Auswanderer wurde die Autorin in Brasilien und Chile, am Mississippi wie in Rußland und auch in den afrikanischen Kolonien bekannt. Es entstanden Übersetzungen in viele europäische Sprachen. Das Urteil der Kritiker war zwiespältig. Die einen priesen den »Zauber, die Spannung«, die »E. Marlitt wie wenige zu erregen und festzuhalten« wisse. »Sie nimmt in Bezug hierauf unter den Romanschriftstellerinnen der Gegenwart wohl den ersten Platz ein…« hieß es überschwenglich. Die anderen stellten dagegen verächtlich fest, alle Geschichten seien nur Variationen eines einzigen Themas: »Aschenputtel – Königssohn«. Bei Frau Marlitt stünde »die geistige und dichterische Bedeutung im umgekehrten Verhältnis zu ihrer Volksthümlichkeit«. Gottfried Keller meinte zwar auch, vom ästhetischen Standpunkt sei vieles gegen Marlitts Werke einzuwenden, aber dennoch nahm er die Autorin gegen die Angriffe der strengen Literaturkritiker in Schutz: »Ich habe das Frauenzimmer immer bewundert!«

1878 starb Ernst Keil. Sein Tod traf Eugenie Mar

Gedenkmünze von 1992: Links Marlitt, rechts Denkmal.

litt zutiefst. Sie verlor den Förderer und Freund zugleich. Einige Jahre später besuchte eine junge Mitarbeiterin des von der Familie Keil fortgeführten Verlages die Autorin und schilderte ihren Eindruck: »Sie saß, da sie ja seit Jahren, wie sie mir später erklärte, weder stehen noch gehen konnte, in einem bequemen Lehnstuhl. Dieser stand am Fenster, durch welches man den terrassenförmigen Garten der Villa und weiter unten die roten Dächer Arnstadts erblickte.

Die Füße bis herauf zum Knie hüllte eine Decke ein, ein dunkles Kleid umschloß lose die Figur, über die Hände waren wollene Handschuhe gezogen. Ein gelbes Spitzenhäubchen, dessen Enden unter dem Kinn geschlungen waren, lag auf dem schwarzlockigen Haar, das in weichen natürlichen Wellenlinien hervorsah, nicht mehr in jenen kurzen Löckchen, wie die Photographie zeigt. Aus den großen, schönen Augen sprachen Geist und Gemüt und zuweilen ein schalkhafter Humor ...«

Eugenie Marlitt schrieb bis zum Ende ihres Lebens insgesamt neun Romane und vier Novellen. Sie starb nach längerer Leidenszeit am 22. Juni 1887 und wurde am 25. Juni unter großer Anteilnahme der Bevölkerung auf dem Alten Friedhof ihres Heimatortes zu Grabe getragen. Man errichtete ihr zu Ehren ein Denkmal, das jedoch 1951 von Anhängern jener Kulturpolitiker, die Marlitts »Machwerke« verachteten, zerstört wurde. Seit 1992 gibt es wieder ein Marlitt-Denkmal in Arnstadt, und in der Marlittstraße steht noch heute die Villa Marlitt.

ELISABETH BLOCHMANN

1892–1972

ZEITTAFEL

1892, 14. 4.   Elisabeth Friederike Emma wird als 1. Kind des Staatsanwaltes Dr. jur. Heinrich Blochmann und seiner Ehefrau Anna Babette, geb. Sachs in Apolda / Thür. geboren

bis 1912 Geburt zweier Geschwister, Besuch der Volksschule in Allstedt (damals Verwalt.-Bezirk Apolda), Umzug der Familie nach Weimar, Besuch des Großherzogl. Sophienstifts, Reifeprüfung, Ausbildung zur Hilfsschwester beim Roten Kreuz, Lehramtsprüfung

1914 Schwesterndienst im Kriegslazarett in Weimar

1915 Lehrerin am Großherzogl. Sophienstift in Weimar

1917–1922 Studienzeit in Jena, Straßburg, Marburg/Lahn und Göttingen in den Fächern Geschichte, Germanistik, Philosophie und Pädagogik

1922–1923 Staatsexamen für das Höhere Lehramt und Promotion zum Dr. phil.

1923–1926 Dozentin für Deutsch und Erziehungswissenschaft an der Sozialen Frauenschule in Thale/Harz

1926–1930 Tätigkeit am Pestalozzi-Fröbel-Haus in Berlin und am Zentralinstitut für Erziehung und Unterricht

1928 Veröffentlichung »Der Kindergarten«

1930 Professorin für Sozialpädagogik und Theoretische Pädagogik an der Pädagogischen Akademie in Halle

1933, 14. 9. Auf Grund des »Gesetzes zur Wiederherstellung des Berufsbeamtentums« entlassen

1934 Emigration nach England, zunächst Lektorin und Dozentin für deutsche Literatur und Pädagogik am Lady Margaret Hall College in Oxford, später an der Pädagogischen Abteilung der Universität Oxford, 1947 Erwerb der britischen Staatsbürgerschaft

1952 Professorin für Pädagogik an der Universität Marburg/Lahn, zahlreiche Veröffentlichungen, z. B. »Die weibliche Bildung«

1960 Emeritierung, weiterhin Funktion als Lehrstuhlvertreterin

1966 Veröffentlichung »Das ‹Frauenzimmer› und die ‹Gelehrsamkeit›«

1972, 27. 1. Elisabeth Blochmann stirbt nach schwerer Krankheit in Marburg/Lahn

DIE PROFESSORIN AUS APOLDA

IN dem thüringischen Städtchen Apolda hegt man die Vermutung, daß diese anmutige Gemeinde »ein guter Nährboden für Kreativität und außergewöhnliche Leistungen« sei, denn eine Vielzahl erfolgreicher Menschen entstamme Apoldaer Familien oder lebte eine Zeit lang in oder um Apolda. Zu ihnen gehört auch die Pädagogin Elisabeth Blochmann, die am 14. 4. 1892 hier geboren wurde.

Achtzig Jahre später – nach ihrem Tode – schrieb einer ihrer engeren Mitarbeiter einen Nachruf auf die Wissenschaftlerin. Er hebt die ebenso unaufdringliche wie herzliche Anteilnahme der Professorin am wissenschaftlichen wie am privaten Leben ihrer Mitarbeiter hervor und fährt dann fort: »Wir selbst – das wird mir gerade jetzt sehr deutlich – wußten von ihrem persönlichen Leben kaum etwas. Wir haben die Kraft bewundert, mit der sie sich nach schwerer Krankheit und Operation erneut der wissenschaftlichen Arbeit zuwandte. Wir haben sie verehrt, weil es ihr gelungen war, ihrem an Leiden und Spannungen reichen Leben eine Form zu geben, in der sich Strenge und Heiterkeit, Nüchternheit und Herzlichkeit, Idealität und Realitätssinn, Spontaneität und Gestaltungswille auf ganz individuelle Weise verbanden. Vielleicht wird jeder von uns ein etwas anderes Bild von ihr in der Erinnerung bewahren.« (P. M. Roeder)

Elisabeth Blochman ist – obwohl weithin unbekannt – eine bemerkenswerte Frau. Sie ist die erste weibliche Professorin, die auf einen Lehrstuhl für Pädagogik an eine Universität berufen wurde, und zwar im Jahre 1952 nach Marburg. Aus dem, was über sie bekannt geworden ist, soll hier versucht werden, ihr Leben nachzuzeichnen.

Offenbar hat sie in Thüringen als Älteste von drei Töchtern eine unbeschwerte Kindheit verlebt. Ihr Vater war zunächst in Apolda juristisch tätig, danach im Range eines Geheimen Rates als Staatsanwalt in Weimar. Dort, umgeben von den Zeugen der deutschen Klassik, erwarb die junge Elisabeth ihre Schulbildung am Großherzoglichen Sophienstift. Mit der Qualifikation zur Lehrerin an diesem Stift und zugleich für die Tätigkeit einer Schwester im Lazarettdienst beendete sie ihre Schulzeit. Erst mit 25 Jahren nahm sie ein Studium an der Universität auf, das sie mit der Promotion zum Dr. phil. und dem Staatsexamen für das Höhere Lehramt abschloß. Bedeutende Gelehrte hat sie kennengelernt, die prägend wurden für ihr ganzes Leben. Zu ihnen zählten der Philosoph Martin Heidegger wie auch der Marburger Sozialpädagoge Paul Natorp. Vor allen anderen aber war es der damals führende Pädagoge Herman Nohl, der die junge Wissenschaftlerin förderte und dem sie in besonderer Weise verbunden war. Ihm widmete sie ihr 1966 erschienenes Hauptwerk »Das <Frauenzimmer> und die <Gelehrsamkeit>« mit den Worten: »Herman Nohl, dem großen Lehrer und immer hilfreichen Freund in dankbarem Gedenken«.

Nach dem erfolgreichen Abschluß ihrer Studien und einer dreijährigen Tätigkeit an der Sozialen Frauenschule in Thale am Harz wurden Elisabeth

Blochmann besondere Aufgaben in Berlin übertragen: am Pestalozzi-Fröbel-Haus sowie am Zentralinstitut für Erziehung und Unterricht. Während dieser Zeit setzte sie sich nicht nur mit den Erziehungsideen Pestalozzis auseinander, sondern vor allem auch mit denen des Thüringers Friedrich Fröbel. Die beiden Vordenker veranlaßten sie, besonders über den »pädagogischen Sinn« des Kindergartens nachzudenken. Sie wollte dieser Einrichtung den Charakter einer Aufbewahrungsstätte nehmen, ihr vielmehr neue Impulse geben. »Der Kindergarten muß dem Kinde ein möglichst reiches Freiheitsleben sichern«, das war ihre Vorstellung. Hier sollte es sowohl »Ruhe und Stille« finden als auch die »innere Bindung an einen Erzieher« aufbauen können. Ihre Aussage »Das Spiel als Spiel läßt das Kind erstarken, und in ihm selbst entstehen Kräfte, die dann nachher ... der Arbeit zugute kommen« läßt erkennen, welche Bedeutung die Pädagogin als Anhängerin Fröbels der Pflege des Spiels beimißt. Zugleich ist sie zukunftsweisend für die Kinder unserer Zeit, denn die Gedanken zur Kindergartenpädagogik – scheinen sie nicht auch heute noch aktuell zu sein? Schon zu jener Zeit erregten sie Aufmerksamkeit, und es ist kein Wunder, daß Elisabeth Blochmann 1930 an die als besonders liberal und fortschrittlich geltende Pädagogische Akademie in Halle berufen wurde, wo damals die Volksschullehrer ausgebildet wurden. Hier übernahm sie den Lehrstuhl für Theoretische Pädagogik und Sozialpädagogik. Zu ihrem Kollegenkreis in Halle gehörte der 1944 als Widerstandskämpfer hingerichtete Adolf Reichwein.

Bis in den Anfang der dreißiger Jahre hatte Elisabeth Blochmann ihr Leben der wissenschaftlichen Arbeit widmen können. Nun aber griff die Politik in das eher unpolitisch verlaufene Leben ein. Von den Vertretern des Dritten Reiches wurde ihr der Lehrstuhl entzogen, aus rassistischen Gründen. Ihre Mutter war Jüdin. Versuche, über die Freundschaft mit Heidegger diese Maßnahme abzuwenden oder in ihren Auswirkungen abzumildern, schlugen fehl. Es muß ein niederschmetternder Einschnitt im Leben der damals gerade Vierzigjährigen gewesen sein! Rassisch diskriminiert und aus dem Amt gejagt verließ sie 1934 Deutschland und emigrierte über Holland nach England. Dort wurde ihr ermöglicht, das zu tun, was man ihr in Deutschland verbot: junge Menschen in ihrer wissenschaftlichen Arbeit zu fördern und zu begleiten. An der Universität in Oxford konnte sie als Dozentin für deutsche Literatur arbeiten. Hier hatte sie nicht nur Kontakt zu anderen Emigranten, hier lernte sie auch das Besondere des studentischen Lebens in England kennen. Sie bewunderte, wie umfassend englische Studenten in das Leben an ihrem College eingebunden sind, wie sie an dessen geistigem Wirken, aber auch an geselligen und sportlichen Aktivitäten teilhaben und wie sie von dieser Lebensform geprägt werden. Diese Erfahrung veranlaßte sie später, für deutsche Universitäten zumindest kleine Clubhäuser zu fordern, Räume, die zu geistigem Meinungsaustausch einladen, damit das akademische Leben eine »reichere und glückliche Form« gewinne.

Nach dem Zusammenbruch des Dritten Reiches kehrte Elisabeth Blochmann nach Deutschland zurück. Mit der Berufung auf den Lehrstuhl für Pädagogik an der Universität in Marburg begann eine neue Phase ihres Lebens, in der auch eine neue Thematik in den Vordergrund trat: die Frage der Mädchenbildung. Mit ihr verband sie Vorstellungen von einer harmonisch verlaufenden sozialen Integration emanzipierter Frauen. Ihre früheren Entwürfe zur Kindergartenerziehung waren noch nicht von frauenemanzipatorischen Gedanken geleitet; dafür war die Zeit wohl noch nicht reif genug. Indirekt führten sie bereits einen praktischen Schritt weiter auf dem Weg zur Lösung der Frauenfrage, denn jeder neue Kindergartenplatz bedeutete für berufstätige Eltern Entlastung von Betreuungssorgen. Jetzt widmete sie sich in ihrer pädagogischen Lehrtätigkeit umfassend Bildungsaufgaben der Nachkriegszeit, im besonderen der »Reform des weiblichen Bildungswesens«. Sie erkannte, daß nur und alleine eine »grundlegende und allgemeine Bildung« für Mädchen nicht mehr ausreiche. Eine Berufsausbildung müsse notwendig hinzukommen. Erst sie führe zur »vollen Emanzipation der Frau«. Der erfahrenen Pädagogin waren natürlich auch Probleme im Zusammenhang mit der Mädchenbildung durchaus bewußt, z. B. die einseitige »bloße Anpassung an den männlichen Maßstab« oder die »Übertreibung des rein Femininen«. Doch sie war der Meinung: »Wenn das Bild eines ... neuen Typus der Frau, die in sich sicher geworden ist, in das Bewußtsein der Alten wie der Jungen einginge, dann könnten die Gelegenheiten zur Bewährung einer kraftvolleren und zugleich feineren Art des Frauseins sich in Haus, Schule und Öffentlichkeit wie von selbst ergeben, und das gemeinsame Leben würde eine Gestalt gewinnen, die der veränderten Zeit besser entspräche.«

Am 27. Januar 1972 verstarb Elisabeth Blochmann nach schwerer Krankheit. Daß sie für ihre Mitarbeiter an der Universität eine faszinierende Persönlichkeit gewesen sein muß, lassen die Festschriften zu ihrem 70. und 75. Geburtstag erkennen. Die so Geehrte war der Tradition verbunden – ihre Wurzeln lagen im Weimar Goethes und Schillers – aber sie stellte sich gleichwohl den Fragen einer neuen Zeit, nach deren Antworten sie suchte und deren Erfordernisse sie in ihr Denken und Handeln einbezog. Deshalb wird zurecht von ihr gesagt: »Elisabeth Blochmann – In klassischer Tradition verankert – für demokratische Reformen aufgeschlossen«.

Ob sie nach ihrer Rückkehr aus dem Exil ihren Geburtsort jemals wieder aufgesucht hat, ist in Apolda nicht bekannt.

HANNAH HÖCH
1889–1978

ZEITTAFEL

1889, 1.11. Johanne Höch wird in Gotha geboren. Die Älteste unter fünf Geschwistern lernt unter Anleitung der Mutter das collagierende Kleben mit Farbpapier
1912 Mitarbeit im Büro des Vaters; Studienbeginn in Berlin
1914 Rückkehr nach Gotha, Arbeit beim Roten Kreuz
1915 Fortsetzung des Studiums am Berliner Kunstgewerbemuseum, Beginn der Freundschaft mit Raoul Hausmann
1917 Anfertigung von Collagen aus Spitzen und Schnittmusterbögen; enger Kontakt zu dem Kreis, der, angeregt durch Richard Huelsenbeck vom Zürcher

<Cabaret Voltaire>, auch in Berlin eine Dada-Gruppe gründet

1920 <Erste Internationale Dada-Ausstellung> in Berlin; Fotomontage <Schmitt mit dem Küchenmesser Dada>, Fußwanderung nach Rom

1921 Beginn einer langen durch künstlerische Zusammenarbeit geprägten Freundschaft mit dem Ehepaar Schwitters

1922 Trennung von Raoul Hausmann

1924 – 1929 Begegnung mit Mondrian, Ausstellungen in Holland, Japan, Schweden, der Schweiz und in Wien. Beginn der Freundschaft mit der holländischen Schriftstellerin und Sprachlehrerin Til Brugmann

1932 Eine Ausstellung von Arbeiten der Höch im Dessauer Bauhaus wird von den Nazis unterbunden

1935 Trennung von Til Brugmann

1938 Höch heiratet den wesentlich jüngeren Kaufmann und Konzertpianisten Kurt Matthies (Höch: »Ich brauche ein Kind, er eine Mutter«)

1939 Umzug nach Heiligensee bei Berlin

1944 Ehescheidung

1946 – 1961 Einzelausstellungen und Beteiligungen in New York, Düsseldorf, Berlin, London, Rom

1961 Gast in der Villa Massimo

1965 Berufung an die Akademie der Künste Berlin

1976 Weitere Ausstellungen in Paris, Berlin, Japan

1978, 31.5. Tod von Hannah Höch. Sie wird in Berlin-Heiligensee begraben

VERFEMT – VERGESSEN –
SPÄT GEEHRT

Das heimische Gotha, wo sie bekannt war, schien der Künstlerin Hannah Höch nicht der geeignete Ort zu sein, um vergessen zu werden. Ein kleines Holzhaus in Heiligensee bei Berlin inmitten eines üppig bewachsenen Gartens wurde ihr zum Refugium, auch zum verborgenen Schaffensraum. Es war in der Zeit vor dem Zweiten Weltkrieg. Ihre Werke wurden diffamiert als »entartete Kunst«. Sie und ihre Freunde, der revolutionäre Künstlerkreis der »Dada-Bewegung«, waren verfemt. 50 Jahre alt war Hannah Höch, als sie 1939 den versteckten Wohnsitz erwarb. Die Anonymität dieses kleinen Paradieses war ihr Schutzschild, niemand kannte sie hier draußen. Hinter Hecken, Büschen und Sträuchern war sie dem politischen Berlin weit entrückt. Hier konnte sie malen und collagieren und die leuchtenden Sommerfarben von Rittersporn und Schwertlilien, Lavendel und Rosen in sich aufnehmen.

Ihre Künstlerfreunde Raoul Hausmann, Kurt Schwitters, Hans Arp, George Grosz waren wie viele andere ins Ausland emigriert. Sie aber, Hannah Höch, hatte sich nach Heiligensee zurückgezogen in die Einsamkeit. Heiligensee – das war für die Künstlerin aus Gotha nicht nur ein Versteck vor den Nazis, sondern zugleich die Emigration aus dem Kunstbetrieb. Bis dahin hatte die Kunstszene ihr Leben ausgemacht. Jetzt gab sie auch die noch verbliebenen persönlichen Kontakte auf. In jenen Jahren, berichtete sie später, habe sie oft über eine lange Zeit mit niemandem gesprochen.

Die kluge, sensible Frau hatte den Krieg schon früh vorausgeahnt, eine Art »Planwirtschaft« betrieben, Vorräte gesammelt und beiseite geschafft, Keller und Speicher mit Lebensmitteln gefüllt. In Heiligensee, dem »idealen Ort zum Vergessenwerden« konnte sie nun auch »entartete« Kunstwerke sorgsam verwahren, zum Teil im Garten vergraben, sowie unersetzliche Dokumente aus den frühen »Dada-Jahren« vor dem Zugriff aufgeputschter Vertreter des »gesunden Volksempfindens« retten. In der Rückerinnerung auf diese Zeit schrieb sie aufschlußreich und beeindruckend: »Heute frage ich mich zuweilen, wie ich so mutig oder so töricht sein konnte, dieses Beweismaterial während all der schrecklichen Jahre in meinem Haus zu behalten. Der Schrank, in dem ich meine Zeichnungen aufhebe, enthielt genug, um mich und alle früheren Dadaisten an den Galgen zu bringen. Von 1934 an begannen auch die meisten meiner Kollegen, ihre Spuren zu verwischen und dergleichen Erinnerungen an ihre Jugendsünden zu zerstören. Ich glaubte aber niemals an die tausendjährige Dauer, die das ‹Dritte Reich› für sich beanspruchte, ebenso wenig konnte ich mich dazu entschließen, die Arbeiten meiner Freunde Hausmann, Schwitters und anderer zu vernichten und die Erinnerungen an Zeiten, in denen wir so begeistert als Gruppe zusammengearbeitet haben …«

Die junge Johanne Höch war 1912, zwanzigjährig, zum Studium an der Kunstgewerbeschule nach Berlin gekommen, nachdem sie schon als Kind unter Anleitung ihrer musischen Mutter gelernt hatte, farbige Papierabschnitte zu kleinen Bildern zusammenzukleben. Den Kriegsausbruch 1914 erlebte sie als »Zusammenbruch [ihres] bis dahin so wohltemperierten Weltbildes. Von diesem Augenblick an [hat sie] auch politisch sehr bewußt gelebt«. Sie leistete in ihrer Heimatstadt Gotha Hilfsdienste beim Roten Kreuz, kehrte aber schon bald wieder nach Berlin zurück. »Mein Streben ging nun nach neuen und erweiterten Lernmöglichkeiten.« Die fand sie bei Prof. Emil Orlik an der Staatlichen Lehranstalt des Kunstgewerbemuseums. Und zu dieser Zeit lernte sie den aus Wien stammenden Raoul Hausmann kennen. Gemeinsam zogen sie durch die Kunstgalerien der Avantgarde, fertigten abstrakte Zeichnungen und Aquarelle an, und durch ihn lernte Hannah – wie sie sich jetzt schrieb – das »Leben« kennen. Sieben Jahre, von 1915 – 1922, waren Hannah Höch und Raoul Hausmann einander in Liebe und Freundschaft verbunden. Eine nicht unproblematische Beziehung, galt er doch als Haudegen und Bürgerschreck, der ebenso voller Ideen wie voller Unrast steckte. Nach 1967, also fünfundvierzig Jahre später, schrieb sie in ihr Tagebuch: »Viele Stunden mit Hausmann-Korrespondenz verbracht ... Muß ihm wieder schreiben. Dieses Ungeheuer wird mich wohl bis zur letzten Stunde belasten.«

Nun, in den Anfangsjahren war er wohl noch keine »Belastung«. Er führte sie ein in die Künstlergruppe, die ihre Stilrichtung »Dada« nannte. Vielleicht nach dem französischen Wort »dada« für »Steckenpferd« oder einfach eine Erfindung. Jedenfalls wurden diese Silben zum Leitbegriff einer Protestbewegung nach dem Ersten Weltkrieg. Ihre Verfechter waren überzeugt, mit der alten Gesellschaftsordnung radikal brechen zu müssen. Eine »Antikunst« wollten sie schaffen, Hans Arp, Raoul Hausmann, George Grosz und die Brüder Herzfelde in Berlin, auch Kurt Schwitters in Hannover und nicht zuletzt Richard Huelsenbeck in Zürich. »Was ist Dada?« texteten sie. »Eine Kunst? Eine Philosophie? Eine Feuerversicherung?« Huelsenbecks Antwort darauf lautete: »Dada ist das Geschrei der Bremsen und das Gebrüll der Makler an der Chikagoer Produkten-börse!« Mit Hilfe von Schere und Klebstoff und dem Griff nach aktuellem Material wie z. B. Zeitungen, Zeitschriften, Prospekte sollte der Alltag der Menschen ins Bild geholt werden. Nicht eine idealisierte Scheinwelt wurde hier zusammenmontiert, sondern die Wirklichkeit. Die »Montage« wurde zum Prinzip des Dadaismus.

So provokant sie sich auch gaben, anarchistisch und gegen jede Art von Herrschaft gerichtet – sie waren ein Herrenclub. In dieser lautstarken Gruppe wurde die grazile, mädchenhafte Hannah Höch nur als Freundin von Hausmann geduldet, als Pseudo-Hausfrau, wie ein Chronist schreibt, die bei den turbulenten Zusammenkünften Bier und Brötchen bereithielt. »Und sie auch bezahlt«, soll Hannah hinzugefügt haben. Immerhin verdiente sie zehn Jahre lang das Geld für sich und Hausmann durch Brotarbeit als Entwurfzeichnerin im Ullstein-Verlag.

1920 wurde die »Erste Internationale Dada-Messe« in Berlin veranstaltet, an der Hannah Höch als einzige Frau neben siebenundzwanzig Männern teilnahm. Dabei war ihre Zulassung keineswegs selbstverständlich. Im Gegenteil, es gab erhebliche Schwierigkeiten, denn man sprach Frauen generell

*Hannah Höch mit Rauol Hausmann vor ihren Werken
in der Ersten Internationalen Dada-Messe 1920.*

die Eignung und Neigung zur Technik ab, auch in
der Kunst. Und dann die Sensation: Höchs Aufse-
hen erregende Fotomontage, 114 x 90 cm groß. Eine
montierte Bewegung von Maschinen, von Zahnrä-
dern, die geradewegs auf den Betrachter zuzulau-

fen scheinen – Bewegung von Menschen, einzeln oder in Gruppen – die politisch führenden Köpfe aus dem Kaiserhaus wie aus der Arbeiterschaft – Ferne und Nähe, Gleichheit und Andersartigkeit, Männerherrschaft und Frauenemanzipation, Starre und Lockerheit – all das wurde durch Zusammenkleben von Zeitungsausschnitten, Texten, Prospekten sinnfällig gemacht. Es sei eindeutig das komplexeste Objekt der ganzen Ausstellung gewesen, wird berichtet. Eine Montage voller Kritik an den bestehenden gesellschaftlichen Verhältnissen. Hannah Höch nannte sie: »Schnitt mit dem Küchenmesser Dada durch die letzte Weimarer Bierbauchkulturepoche Deutschlands«.

Die Kraft, der Schwung, die Provokation der Dada-Bewegung verebbten rasch. Noch im Ausstellungsjahr löste sich Hannah Höch von der Künstlergruppe. Gemeinsam mit einer Freundin unternahm sie eine Fußwanderung nach Rom. Vielleicht war es Flucht, vielleicht wollte sie entschiedener ihren eigenen Weg gehen. Zwei Jahre später, 1922, trennte sie sich auch von Hausmann. Andere Menschen traten in den Vordergrund, Kurt Schwitters mit seiner Frau, die Holländerin Til Brugmann, mit der sie über viele Jahre in enger Beziehung stand. Die Ergebnisse ihrer künstlerischen Arbeit konnte sie in Japan, Zürich, Stockholm und Wien ausstellen. »Von 1930 an«, schrieb sie in ihr Tagebuch, »lebte ich in zunehmender Vereinsamung. Während meines Aufenthaltes in Holland war mir der Kontakt mit der Berliner Kunstszene verlorengegangen. Als ich nach Deutschland zurückkam, war dort die Atmosphäre einer künstlerischen Betätigung nicht sehr günstig. Mein Stil war noch abstrakter geworden, obgleich ich gelegentlich – besonders in Fotomontagen, aber auch manchmal in Ölbildern – auf Themen und Formen aus meiner Dada-Periode von 1920 zurückgriff.«

Für 1932 war eine Hannah-Höch-Ausstellung im Dessauer Bauhaus geplant. Doch die ausgewählten Arbeiten, 15 Fotomontagen und 31 Aquarelle, wurden der Künstlerin zurückgeschickt. Die nationalsozialistische Landesregierung von Sachsen-Anhalt hatte das Bauhaus schließen lassen. In Paris und Brüssel, auch in Philadelphia konnte man Hannah Höchs Werke noch sehen. Aber einige Jahre später, anläßlich eines Besuches daheim in Gotha notierte sie in ihrem Tagebuch: »Es wäre so nötig, mal zu verkaufen. Nicht weil ich im Augenblick nicht zu essen habe, aber…« Sie spürte, daß man ihr Mißachtung entgegenbrachte, weil »das was ich mache kein Geld hereinbringt, selbst wenn ich die Natur, so wie sie ihnen verständlich ist, nachbilde.« Sie litt unter diesem Zustand, blieb jedoch eine überzeugte Indivualistin, die nicht bereit war, in ihrer Kunstauffassung irgendeine Konzession zu machen, so urteilt ein Chronist.

Erst nach dem Ende der Naziherrschaft gab es für Hannah Höch wieder die Möglichkeit, ihre Werke in den großen Kunstzentren der Welt zu präsentieren, in New York und London, Berlin und Düsseldorf. Sie war Gast in der Villa Massimo in Rom und wurde 1965 im Alter von 76 Jahren an die Berliner Akademie der Künste berufen. Großen Erfolg hatte sie 1974 auf einer Ausstellung im Modernen Museum von Kyoto.

Die Stadt Berlin trug ihr eine Professur an. So spät im hohen Alter noch wirkliche Anerkennung zu finden, sei ebenso Freude wie Belastung, meinte sie. Aber immer wieder wurden die Abgeschiedenheit ihres Gartens und das üppige Wachsen und Blühen der betagten Künstlerin zum Quell neuer Kraft. Bei ihrer Ernennung zur Professorin e. h. soll sie gesagt haben: »Mein Garten wird sich freuen.«

Am 31. Mai 1978 starb Hannah Höch im Alter von fast 89 Jahren. Ihre letzte Ruhestätte fand sie in Heiligensee.

QUELLENVERZEICHNIS

ADRIANI, GÖTZ (HRSG.): Hannah Höch, Fotomontagen, Gemälde, Aquarelle, Köln 1980

BLOCHMANN, ELISABETH: Die akademische Lebensform, in: Neue Sammlung 3. Jg. 1962

DS.:Der Kindergarten, in: H. Nohl/L. Pallat (Hrsg.) Handbuch der Pädagogik, 1928

DECH, JULA: Hannah Höch, Schnitt mit dem Küchenmesser DADA – Spiegel einer Bierbauchkultur, Frankf.a.M. 1993

EDITION LEIPZIG (HRSG.): Die Puppenstadt »Mon Plaisir«, Leipzig 1965

FRIEDENTHAL, RICHARD: Goethe, Sein Leben und seine Zeit, München 1963

HECKER, JUTTA: Die Altenburg, Geschichte eines Hauses, Berlin 1983

KLEIN, MATTHIAS u. MÜLLER, CAROLA: Die Puppenstadt im Schloßmuseum zu Arnstadt, Königstein i. Taunus 1994[2]

MARIE-SEEBACH-STIFT (HRSG.): Broschüre der Marie-Seebach-Stiftung, Weimar o. J.

MERBACH, GÜNTER: Eugenie Marlitt, Das Leben einer großen Schriftstellerin, Hamburg 1992

MESSNER, PAUL: Unsterbliches Gretchen, Marie-Seebach-Biographie, Weimar 1995

MÜLLER, ULRIKE (HRSG.): Frauenpersönlichkeiten der Weimarer Klassik, Weimar 1998[2]

OHFF, HEINZ: Der grüne Fürst, Das abenteuerliche Leben des Hermann-Pückler-Muskau, München 1997[6]

ROEDER, PETER MARTIN: Elisabeth Blochmann, in: Neue Sammlung 12 Jg. 1972

SALENTIN, URSULA: Anna Amalia: Wegbereiterin der Weimarer Klassik, Köln – Weimar – Wien – Böhlau 1996

SCHWAB, MARTIN: Elisabeth Blochmann, Bildungsreformerin für die Emanzipation der Frau, in: Die Grundschule 5/1994

BILDNACHWEIS

Alle Vorlagen: Archiv der Autorin und Archiv des Verlages.